WALTER LEISNER

Staatliche Rechnungsprüfung kirchlicher Einrichtungen

Schriften zum Öffentlichen Recht
Band 600

Staatliche Rechnungsprüfung kirchlicher Einrichtungen

unter besonderer Berücksichtigung der karitativen Tätigkeit

Von

Prof. Dr. Walter Leisner

Duncker & Humblot · Berlin

Die Deutsche Bibliothek – CIP-Einheitsaufnahme

Leisner, Walter:
Staatliche Rechnungsprüfung kirchlicher Einrichtungen
unter besonderer Berücksichtigung der karitativen Tätigkeit /
von Walter Leisner. – Berlin: Duncker und Humblot, 1991
  (Schriften zum Öffentlichen Recht; Bd. 600)
  ISBN 3-428-07096-8
NE: GT

ISSN 0582-0200
ISBN 3-428-07096-8

Vorwort

Die staatliche Rechnungsprüfung hat staatliche Instanzen zu kontrollieren, nicht das wirtschaftliche Verhalten des Bürgers. Ob sie auch Private überwachen darf, wenn diese etwa staatliche Zuwendungen erhalten — mit der Begründung vor allem, anders könnten die Vergabestellen nicht wirksam geprüft werden — war Gegenstand meiner Abhandlung „Staatliche Rechnungsprüfung Privater", die vor kurzem in dieser Reihe als Band 585 erschienen ist.

In diesem Zusammenhang, und aus Anlaß staatlicher Rechnungsprüfungen, tritt nun allerdings eine besondere Problematik auf, die bisher, soweit ersichtlich, noch nicht vertieft worden ist: Unabhängig von etwaigen Kompetenzen der staatlichen Rechnungsprüfung gegenüber privaten Trägern — ergeben sich dafür nicht spezielle Schranken dort, wo die Prüfung auf kirchliche Institutionen ausgedehnt wird, weil diese Fördermittel vom Staat erhalten hätten? Weithin funktionieren heute soziale Dienste in der Bundesrepublik Deutschland auf solcher Grundlage. Es fragt sich daher, ob eine Prüfung kirchlicher Träger durch die Rechnungshöfe mit dem Selbstbestimmungsrecht der Kirchen in vermögensrechtlichen Angelegenheiten zu vereinbaren ist, zumal diese selbst Einrichtungen der Rechnungskontrolle geschaffen haben.

Dieses ist der Gegenstand der folgenden Untersuchung, die damit Probleme des Staats-Finanzrechts wie des Staatskirchenrechts zum Gegenstand hat.

Erlangen, 30. 11. 1990

Walter Leisner

Inhaltsverzeichnis

A. Gegenstand und Bedeutung der Untersuchung

Gegenstand der folgenden Untersuchung ist die grundsätzliche Frage, inwieweit den Organen der staatlichen Rechnungsprüfung das Recht der Überprüfung kirchlicher Einrichtungen zusteht, welche vom Staat Förderungsmittel erhalten. Die praktische Bedeutung dieser Problematik soll zunächst an einem Fall erläutert werden, der sich vor kurzem im Bereich der kirchlichen Freien Wohlfahrtspflege ereignet hat. Er zeigt zugleich das Gewicht der staatlichen Rechnungsprüfung wie auch die Argumente, welche sich hier gegenüberstehen.

I. Ein Beispielfall: Die Prüfung kirchlicher Träger der Freien Wohlfahrtspflege durch den Rechnungshof NW

1. Im Jahre 1987 führte der Landesrechnungshof NW bei einer großen Zahl von Trägern der Freien Wohlfahrtspflege in diesem Lande Rechnungsprüfungen durch. Diese betrafen auch kirchliche Trägerinstitutionen, vornehmlich von Beratungsstellen für Schwangerschaftsprobleme und Familienplanung, für Erziehungs- und Lebensberatung. Die Träger hatten für diese Stellen Zuwendungen des Landes NW erhalten, welche ihnen über den zuständigen Regierungspräsidenten oder den zuständigen Landschaftsverband auf Antrag zugewiesen worden waren. Zugrunde lagen dem insbesondere Verwaltungsvorschriften aus dem Jahre 1977[1] und Richtlinien aus dem Jahre 1983[2].

---

[1] Runderlaß des Ministers für Arbeit, Gesundheit und Soziales vom 7.10.77 — V, A, 3 — 0302.11.

[2] Runderlaß des Ministers für Arbeit, Gesundheit und Soziales vom 28.4.1983 — IV/1 — 6704.1/6705.1.

Der Landesrechnungshof faßte seine Ergebnisse in „Feststellungen zur Förderung von Schwangerschaftskonfliktberatungsstellen und Ehe-, Lebens- und Erziehungsberatungsstellen im Lande NW" zusammen[3]. Er kam dort zu dem Ergebnis, daß in zahlreichen Fällen das Verhalten der kirchlichen — wie auch vieler anderer — Träger unkorrekt gewesen sei: Beanstandet wurden nicht nur Abrechnungen und vorgelegte Belege, es wurde auch darüber hinaus der Vorwurf unrichtiger Angaben erhoben, zum Teil bereits bei Antragstellung; die von den Trägern durchgeführten Tätigkeiten seien in zahlreichen Fällen nicht förderungswürdig gewesen, in nicht wenigen anderen seien zu hohe Aufwendungen angesetzt worden. Einige Beanstandungen gehen von strafbaren Handlungen (Betrug) aus.

2. Bevor der Bericht dem Minister für Arbeit, Gesundheit und Soziales (MAGS) des Landes NW offiziell zugeleitet wurde, waren bereits (Zwischen-)Ergebnisse bekannt geworden, welche schwere Vorwürfe gegen Träger der Freien Wohlfahrtspflege, darunter auch kirchliche Einrichtungen, enthielten. Durch Indiskretionen aus dem Bereich einer Landtagsfraktion kam es alsbald zu heftigen, kampagneähnlich kritischen Berichten und Kommentaren in zahlreichen Presseorganen. Trägern der Freien Wohlfahrtspflege, darunter ausdrücklich auch kirchlichen Einrichtungen, wurden darin zum Teil Betrügereien in Millionenhöhe vorgeworfen, ohne daß der MAGS, die Bewilligungsinstanzen und kritisierten Träger sich vorher hätten mit solchen Vorwürfen befassen können, welche insbesondere den Trägerinstitutionen weitgehend unbekannt waren.

Die Reaktionen in der Öffentlichkeit waren, verständlicherweise, höchst negativ, insbesondere die Enttäuschung über die — angebliche — Verwicklung kirchlicher Einrichtungen in einen solchen „Skandal". Nach kirchlichen Angaben ha-

---

[3] LRH NW V. Senat vom 25.2.1988, V B — 7502 — 1/87.

ben diese ungünstigen Auswirkungen der Presseberichte vor
allem Beziehungen der kirchlichen Träger zu den von ihnen
Betreuten, aber auch in ihren Gemeinden und in der Öffentlichkeit allgemein, schwer belastet.

3. Die freien kirchlichen Träger haben sich in umfangrei-
chen Stellungnahmen, *welche auch den Bewilligungsbehörden vorgelegt wurden*, mit den gegen sie im Bericht des
Landesrechnungshofs erhobenen Vorwürfen auseinanderge-
setzt: In der weit überwiegenden Zahl der Fälle seien diese
unberechtigt, sie beruhten auf Mißverständnissen, vor allem
aber auf ungenügenden Untersuchungen und anderen
schwerwiegenden Fehlern im Prüfungsverfahren. Der MAGS
befaßte sich mit den Feststellungen des Landesrechnungshofs, die er nur in verhältnismäßig wenigen Fällen als berechtigt anerkannte. In nicht wenigen Punkten war, das
ergab sich aus seiner Stellungnahme, die mangelhafte oder
jedenfalls nicht hinreichend präzise Fassung der Förder-
richtlinien Anlaß für die Beanstandungen des Landesrechnungshofs.

Während im Ergebnis nur in vergleichsweise wenigen,
meist gerade kirchliche Träger nicht betreffenden Fällen
Folgerungen aus den Feststellungen des Landesrechnungshofs zu ziehen waren, beklagen kirchliche Instanzen noch
heute die negativen Auswirkungen dieser Vorfälle auf ihre
Arbeit. Vor allem machen sie geltend, es vollziehe sich nun
diese Tätigkeit in der ständigen berechtigten Sorge vor
erneuten derartigen Überprüfungen seitens des Rechnungs-
hofes, die wiederum zu ähnlicher, in schwerstwiegender
Weise ansehensschädigender Kritik in der Öffentlichkeit
führen könnte.

Da es eine (informations-)politische Sicherheit gegen erneute Indiskretionen nicht geben kann, deren Folgen aber —
wohl unbestritten — auf keine, auch juristische Weise voll
wiedergutgemacht werden können, erhebt sich die Rechts-
frage, ob und gegebenenfalls in welchem Umfang kirchliche

Träger die staatliche Rechnungsprüfung in Zukunft hinnehmen müssen.

II. Die Kritik der kirchlichen Träger an
der staatlichen Rechnungsprüfung

Die Meinungsverschiedenheiten der letzten Jahre zwischen den kirchlichen Trägern und der staatlichen Rechnungsprüfung betreffen eine Vielzahl von einzelnen Diffe-
renzpunkten. In den meisten Fällen handelt es sich um
kontroverse Auffassungen über einzelne Tatsachen, was
nicht Gegenstand der folgenden Untersuchung sein kann.
Ausgangspunkt der folgenden Untersuchung ist jedoch die
Kritik der kirchlichen Instanzen auf drei Ebenen:

1. Die Rechnungsprüfer hätten *schwerwiegende Verfah-
rensfehler* begangen: Neben allgemeinen Beanstandungen
der Art und Weise der Prüfungsdurchführung wird vor allem
von kirchlicher Seite gerügt, daß zu etwaigen Vorwürfen die
Betroffenen nicht gehört worden seien; Schlußgespräche
hätten nicht stattgefunden, so daß die Kritisierten in vielen
Fällen von den Feststellungen nachher völlig überrascht
worden seien.

Die „Feststellungen" des Landesrechnungshofs beruhten
in nicht wenigen Fällen auf *unvollständigen Ermittlungen;
dies hätte durch Offenheit und Annahme von Angeboten zur
Zusammenarbeit unschwer vermieden werden können.* Die
Bemerkungen brächten nicht selten lediglich Zweifel zum
Ausdruck, an anderen Stellen seien sie polemisch gehalten
und bedeuteten nicht Feststellung, sondern Verurteilung.
Aus den Stellungnahmen der Betroffenen ging auch hervor,
daß offenbar kaum je danach gefragt wurde, ob, wann und
wie die *Vergabebehörden* denn überprüft hätten, warum
dies nach Meinung der Zuwendungsempfänger nicht geschehen sei. Ersichtlich hielten die Prüfer nahezu durchge-

hend das Verhalten der kirchlichen Träger für den eigentlichen, jedenfalls den primären Gegenstand ihrer Recherchen.

Dem entsprach offenbar auch das *Verhalten der Vergabebehörden nach der Prüfung durch den Rechnungshof.* Ihre Anfragen an die Betroffenen beinhalteten nicht ein Ersuchen an Behördenexterne, bei der Ausräumung von Vorwürfen gegen die eigene Behörde durch Mitteilungen behilflich zu sein. Vielmehr erweckten sie den Eindruck, als würden die Rechnungsprüfer zur Unterstützung einer Verwaltung tätig, welche mit ihnen zusammen Private — hier: kirchliche Träger — überprüfte, ohne daß das Behördenverhalten der eigentliche Prüfungsgegenstand sei.

2. Bei den einzelnen *inhaltlichen Vorwürfen* des Landesrechnungshofs ging es in den meisten Fällen um die *Förderungswürdigkeit bestimmter Einzelaktivitäten der kirchlichen Träger.* Dabei wurden die betreffenden Förderbestimmungen in der Regel von den Rechnungsprüfern enger ausgelegt als von den Trägern, aber auch in den meisten Fällen restriktiver als von den Bewilligungsstellen, insbesondere aber vom MAGS.

Drei Komplexe von kritischen Bemerkungen heben sich in diesem Zusammenhang jedoch heraus, die von grundsätzlichem Gewicht sind, insbesondere, wie sich zeigen wird, aus staatskirchenrechtlicher Sicht:

a) Die Prüfer waren offenbar gelegentlich im *Zweifel über Sinn und Zweck kirchlicher Beratungsstellen.* Sie stellten Fragen nach dem Bedürfnis für derartige Beratungen und wollten deren Ergebnis beurteilen.

b) Die Prüfer beanstandeten *interne Organisationsentscheidungen der Träger,* so etwa die Einrichtung von „integrierten Beratungsstellen", welche nach der fachlichen Überzeugung der kirchlichen Träger aber erforderlich sind, um der Ganzheit der menschlichen Persönlichkeit Rechnung zu tragen. Kritische Bemerkungen widmeten sie z. B. der

Aufteilung von Beratungsteams und der Beratung — neben der Hauptstelle — auch in Nebenstellen der betroffenen Träger, welche einer Organisationsentscheidung derselben entsprach, die nach deren Auffassung aus sachlich-pastoralen Gründen erforderlich war. Auch wurde gerügt, daß etwa ärztliches Personal auch pastoralpsychologische Tätigkeit entfaltet.

c) In zahlreichen Fällen stützten die Prüfer ihre negativen Feststellungen auf — angeblich — *ungenügende Qualifikationen* des staatlich geförderten Personals der kirchlichen Träger. Ersichtlich wollte die Rechnungsprüfung diesen letzteren keinen Beurteilungsspielraum zuerkennen, wen sie für welche Aufgaben für geeignet halten.

3. Die Rechnungsprüfer halten sich offenbar nicht nur für ermächtigt, die Verwendung der Zuwendungen rechnungsmäßig nachzuvollziehen, sondern auch für berechtigt, *den „Erfolg" der Beratung zu überprüfen*[4]: Nicht hingenommen werden könne „eine Beschränkung der Prüfung auf Angaben, die über das Ergebnis der Förderung, insbesondere ihren Erfolg oder Mißerfolg, nichts aussagen". Dies kann nur so verstanden werden, daß der Rechnungshof für sich beansprucht, Feststellungen darüber zu treffen, welche Beratungserfolge *in einzelnen Fällen* erzielt worden seien; denn anders können die von ihm angestrebten Feststellungen gar nicht getroffen werden.

Im selben Zusammenhang bemerkt der Landesrechnungshof ausdrücklich, unter Hinweis auf die LHO, die Prüfung könne sich auch auf die sonstige Haushalts- und Wirtschaftsführung des Empfängers erstrecken. Der Landesrechnungshof will also unter Umständen auch die *Haushaltsführung im Gesamtbereich einer Diözese überprüfen*, um festzustellen, ob Förderungsnotwendigkeit für die Beratungsstellen in deren Bereich überhaupt besteht, und dies wiederum

---

[4] Feststellungen des Landesrechnungshofs (FN 3), 2, S. 16 f.

im Hinblick auf den Erfolg der kirchlichen Aktivitäten bei Schwangeren, Müttern und Kindern. Dies ist ohne Nachforschungen bei den Beratenen nicht möglich. Die Folge könnte sein, daß die kirchliche Trägerinstitution nicht nur Auskunft über die Identität sämtlicher Beratenen zu geben hätte, sondern daß die Rechnungsprüfung auch das Recht beanspruchen könnte, etwa im Gespräch mit (früheren) Schwangeren festzustellen, was ihnen die katholische oder evangelische Stelle mit welcher Begründung geraten und welche Wirkung das auf ihr Verhalten gezeigt habe.

Möglicherweise könnte es die staatliche Rechnungsprüfung dann auch für geboten halten, daß ihre Beamten mit Schwangeren und Jugendlichen Gespräche über intime persönliche Fragen führen oder sie dürften die Berater mit Verwaltungszwang zur Preisgabe der Beratungsgesprächsinhalte zwingen — anders läßt sich ihre Forderung in diesem zentralen Punkt kaum durchsetzen.

III. Insbesondere: Die kirchenspezifische Problematik

1. Es fragt sich, ob Wesen, Sinn und Zweck der Beratungen, ihre Bedeutung für Jugendliche, ihr Erfolg bei Schwangeren — ob all dies, im kirchlichen Bereich, Probleme sind, die nicht überwiegend, sondern *sogar ausschließlich nach kirchlichen Kriterien zu beurteilen sind. Können die Fragen nach Sinn und Zweck kirchlicher Beratung im einzelnen Gegenstand staatlicher Feststellungen sein?*

Ähnliche Fragen erheben sich hinsichtlich der erwähnten *Organisationsüberprüfungen* (vgl. oben II, 2, b). Die kirchlichen Träger nehmen für sich das Recht in Anspruch, zu beurteilen, wie sie ihre Beratungen gestalten, wo diese durchzuführen sind; zumindest halten sie sich für berechtigt, dafür nachvollziehbare religiös-ethische Gründe zu nennen, welche dann von der staatlichen Rechnungsprüfung, sollte eine solche überhaupt zulässig sein, nicht in Frage gezogen werden dürfen.

Zu Qualifikationsentscheidungen (siehe oben II, 2, c) des Beratungspersonals dürfen nach kirchlicher Ansicht gleichfalls nicht ohne Berücksichtigung der spezifisch kirchlichen Auffassung Feststellungen getroffen werden; wenn hier eine Kontrolle überhaupt zulässig sei, müsse zunächst nach der kirchlichen Beurteilung der Geförderten gefragt und es müsse diese, von offensichtlichem Mißbrauch abgesehen, zugrunde gelegt werden.

Es fragt sich also, ob dann, wenn weiterhin so geprüft wird wie hier geschehen, staatliche Beamte sich nicht ein spezifisches Beurteilungsrecht kirchlicher Instanzen anmaßen.

Gleiches gilt — und nun allgemein und grundsätzlich — angesichts des Anspruchs der Rechnungsprüfer auf die *Erfolgsbeurteilung der Beratungen* (oben II, 3). Ein Bistum hat die Prüfung vor allem deshalb verweigert, weil „eine Zweckmäßigkeitsprüfung nicht stattfinden darf, da insoweit ein Eingriff in das verfassungsmäßig garantierte Selbstverwaltungs- und Selbstbestimmungsrecht der Kirchen vorläge"[5].

2. Damit ist die *staatskirchenrechtliche Frage* in einer Weise gestellt, *die sich deutlich von der Problematik der „staatlichen Rechnungsprüfung Privater"* abhebt, welche vor kurzem eingehend behandelt worden ist[6]. Von den Ergebnissen dieser Untersuchung ist zwar auszugehen (vgl. im folgenden B, I); sodann bleibt aber zu fragen, ob sich nicht aus den staatskirchenrechtlichen Fragestellungen zusätzliche und noch weiterreichende Gründe gegen die Zulässigkeit staatlicher Rechnungsprüfung kirchlicher Träger überhaupt, oder doch in Einzelheiten, ergeben, zumindest zusätzliche Krite-

---

[5] Feststellungen des Landesrechnungshofs (FN 3), 2, S. 17.

[6] *Leisner*, W., Staatliche Rechnungsprüfung Privater, Duncker & Humblot, Berlin 1990.

rien für die Abwägung staatlicher und kirchlicher Belange in diesem Bereich.

Die grundsätzliche staatskirchenrechtliche Dimension ist also unbestreitbar: Hier geht es um eine *„staatliche Rechnungsprüfung kirchlicher Einrichtungen"*. Dies liegt auf einem besonders sensiblen Terrain, auf welchem, gerade in den letzten Jahrzehnten, *tiefgreifende Änderungen, im wesentlichen im Sinne der Anerkennung kirchlicher Eigenständigkeit, stattgefunden haben* — Grund genug, um von den allgemeinen Grundsätzen der Rechnungsprüfung bei nichtstaatlichen Instanzen zwar auszugehen (vgl. im folgenden B), bei ihnen aber nicht stehen zu bleiben (vgl. im folgenden C).

B. Die kirchlichen Träger
als nichtstaatliche Institutionen

I. Geltung der Grundsätze über die „staatliche Rechnungsprüfung Privater" für die kirchlichen Träger der Freien Wohlfahrtspflege

Die vom Staat geprüften kirchlichen Einrichtungen sind teils in privatrechtlichen Rechtsformen (etwa e. V.) organisiert, zum Teil werden sie in Rechtsformen des öffentlichen Rechts, als Körperschaften oder auch Anstalten, tätig. Im einzelnen bedarf dies jedoch keiner näheren Untersuchung, denn unter dem hier entscheidenden Gesichtspunkt gilt für privat- wie öffentlich-rechtliche Trägerschaft gegenüber der staatlichen Rechnungsprüfung dasselbe: Es handelt sich nicht um staatliche Verwaltungen[7], auch nicht im weitesten Sinne des Wortes. Dementsprechend hat ja auch der Landesrechnungshof seine Prüfungsbefugnis ausdrücklich auf § 91 LHO gestützt[8]. Im Sinn der vor kurzem angestellten eingehenden Untersuchung, auf die im folgenden verwiesen wird[9], *liegt also bei den kirchlichen Trägern auch ein Fall der staatlichen Rechnungsprüfung Privater vor.*

1. Prüfung der Verwaltungen, der nichtstaatlichen Träger

Die staatliche Rechnungsprüfung könnte sich bei derartigen Kontrollen auf § 91 LHO berufen: Sie erfolgten nicht als

---

[7] Zur besonderen Problematik der kirchlichen Körperschaften vgl. im folgenden II.

[8] Siehe oben FN 4.

[9] Siehe FN 6.

Prüfung der nichtstaatlichen Träger, sondern als Kontrollen (nur) „bei" diesen. Unter Berufung auf diese Unterscheidung vor allem glauben offenbar die Prüfer, das rechtliche Gehör versagen zu können.

Diese Unterscheidung soll grundsätzliche verfassungsrechtliche Bedenken ausräumen. Staatliche Rechnungsprüfung darf ja immer nur „staatliches Verhalten" zum Gegenstand haben, dies ist der klare Sinn von Art. 114 GG[10]; nichtstaatliche Institutionen dürfen als solche allenfalls dann geprüft werden, wenn es dabei um das „staatliche (Teil-) Eigentümerverhalten" in diesen Bereichen geht, oder wenn „Schattenhaushalte", und damit wiederum eine Flucht „in Formen des Privatrechts" verhindert werden soll[11]. Eine Notwendigkeit, nichtstaatliches Verhalten, in welcher Weise immer, zum Gegenstand staatlicher Rechnungsprüfung zu machen, weil anders das Staatsverhalten nicht hinreichend überprüft werden könne, kann allgemein und grundsätzlich nicht anerkannt werden[12]: Die Prüfer können ohne weiteres zunächst Vergabebehörden prüfen, darauf, ob und wie sie das wirtschaftliche Verhalten kontrolliert und die Zuwendungsbestimmungen dabei ausgelegt haben. Wenn hier Erkenntnislücken bleiben, so ist ihnen aufzugeben, ihrerseits die erforderlichen Überprüfungen bei den Geförderten durchzuführen, wobei natürlich auch deren Eigenständigkeit zu achten ist. Dies aber ist doch etwas grundsätzlich anderes als ein Prüfungsverlangen des Rechnungshofs unmittelbar gegenüber den nicht-staatlichen Trägern, es ist auch in ganz anderer Weise durch das Amtsgeheimnis gedeckt. Es ist kaum ein Fall denkbar, in dem eine „Durchgriff-Prüfung"

---

[10] Siehe *Leisner*, FN 6, passim, insbes. S. 96 f. m. Nachw.

[11] Wie dies etwa im Fall der VW-Stiftung hätte angenommen werden können, vgl. BVerwGE 74, S. 58, wobei allerdings die dort gewählte Umschreibung des Prüfungsgegenstandes („Finanzabläufe mit wesentlich haushaltsrechtlichem Bezug") zu weit ist.

[12] Vgl. dazu *Leisner* (FN 6), S. 97 ff.

bei nichtstaatlichen Instanzen unbedingt erforderlich wäre, weil anderenfalls staatliches Fehlverhalten nicht aufzudecken wäre — und in solchen Extremfällen entspricht es eher den Grundsätzen des Art. 114 GG, dann eben auf Aufklärung überhaupt zu verzichten. Weit größer ist überdies eine andere Gefahr, die gerade der eingangs berichtete Fall zeigt: *daß sich die Vergabeinstanzen auf die Prüfung des Rechnungshofs verlassen,* sich gar hinter dieser verstecken, deshalb zunächst untätig bleiben, um dann als „Vollzugsorgane" der Rechnungsprüfung aktiv zu werden, welche ihrerseits für nichts verantwortlich seien, oder die Rechnungsprüfer gar als ihre „Hilfsorgane" zu betrachten — dabei sind diese Stellen doch die Geprüften; eine derartige Argumentation stellt also das Rechnungsprüfungsverhältnis auf den Kopf.

2. Die staatliche Rechnungsprüfung — nicht „bei" den kirchlichen Trägern, sondern dieser selbst

a) Eine *Unterscheidung der „Prüfung bei" und der „Prüfung der" Privaten* (hier: der nicht-staatlichen kirchlichen Träger) widerspricht nicht nur dem verfassungsrechtlich festgelegten Sinn und Zweck der Institution der Rechnungsprüfung, sie ist auch *vom Ergebnis her nicht einmal ansatzweise durchzuhalten:* Die Wirkungen sind in aller Regel für die Betroffenen genau die gleichen, ob nun nominal „bei" ihnen, oder ob „sie selbst" geprüft werden; das zeigt gerade der vorliegende Fall: Alle negativen Konsequenzen der durch die Feststellungen ausgelösten Diskussion in der Öffentlichkeit *treffen sie unmittelbar:* Vertrauensverlust, Zurückhaltung bei der (Weiter-)Bewilligung staatlicher Mittel, Rückgang privater Förderungsbereitschaft. Da sie im Bericht genannt werden, bleibt es sich gleich, wie ihre Prüfung rechtsdogmatisch konstruiert wird — die Wirkung „nach außen" ist in beiden Fällen genau die gleiche, und allein auf diese Wirkung ist die gesamte Rechnungsprüfung ausgerichtet, sie ist deren einzige Sanktion.

b) Selbst wenn also ein *Rechnungshof seine Prüfung bei kirchlichen Trägern als eine solche der Vergabebehörden hinstellte, bliebe dies wohl eine rein formale Etikettierung;* und wenn er das Verhalten der Bewilligungsbehörde recherchieren wollte, so wäre die Prüfung bei den kirchlichen Einrichtungen weitestgehend sinnlos gewesen, denn dann hätte eben — jedenfalls zunächst — eingehend dort geprüft werden müssen.

Im eingangs berichteten Fall ist der Rechnungshof ersichtlich nicht so vorgegangen, er hat nicht bei, er hat die nichtstaatlichen Träger als solche überprüft, wie es eben in der dargestellten Logik dieses Verfahrens lag. Gegenüber den Trägern wurde von ihm laufend Kritik geäußert, ihrem Fehlverhalten wurde nachgegangen, es wurde auch verbal meist allein gerügt, nur in seltenen Fällen das der Bewilligungsbehörden; und wo dies geschah, da erschien die Rüge eher als eine solche der Beihilfe zu unkorrektem, teilweise sogar strafbarem Verhalten, nicht im Sinne einer Anstiftung oder Mittäterschaft[13].

c) Der eingangs berichtete Fallkomplex zeigt, daß die Prüfung der kirchlichen Einrichtungen zu gewichtigen negativen Folgen für die Kontrollierten führt. Selbst wenn man, zur Steigerung der „Effizienz" der Überprüfung des Verwaltungsverhaltens, eine Untersuchung von Vorgängen bei den nicht-staatlichen Trägern für gerechtfertigt halten wollte, so müßte hier, wie bei allem hoheitlichen Staatshandeln, das *Gebot der Verhältnismäßigkeit im Sinne der geringst nötigen Belastung beachtet werden*[14]. Danach dürften die kirch-

---

[13] So heißt es etwa im Landesrechnungshofbericht (FN 3), 9.1., S. 150): „Dieses Verhalten des Landeskirchenamtes müssen wir rügen".

[14] *Maurer,* H., Allg. Verwaltungsrecht, 6. Aufl. 1988, S. 201 f.; *Herzog,* R., in: Maunz-Dürig, GG, Art. 20, Anm. VII, Rdnr. 75.

lichen Träger jedenfalls nur insoweit einer Rechnungsprüfung seitens des Staates unterzogen werden, als es keine
weniger belastende Möglichkeit gäbe, die korrekte Verwendung der staatlichen Zuwendungen sicherzustellen. Weniger belastend wirkt aber mit Sicherheit für die kirchlichen
Träger eine strenge Prüfung der Vergabebehörden. Denn
einerseits ist die gerade besonders belastende Publizität(sgefahr) auf diesem Wege weitaus geringer, zum anderen
scheidet der — unberechtigte — direkte Zugriff und die
unmittelbare Kritik gerade an den kirchlichen Trägern von
vornherein aus, weil die Kritik „über die Vergabeinstanzen
gelenkt wird".

3. Die Grundsätze über die „staatliche Rechnungsprüfung Privater" — auf kirchliche Träger voll anwendbar?

Die kirchlichen Träger der Freien Wohlfahrtspflege können sich nicht nur auf den fundamentalen Grundsatz berufen, der, aus Art. 114 GG heraus, die gesamte staatliche
Rechnungs- und Wirtschaftlichkeitskontrolle beherrscht,
daß nämlich nicht sie, sondern die Vergabebehörden zu
prüfen seien, und daß dies nicht durch Kontrollen „bei ihnen"
unterlaufen werden darf (oben 1, 2). Darüber hinaus sind auf
sie alle Grundsätze anzuwenden, welche für die „staatliche
Rechnungsprüfung Privater" entwickelt worden sind. Dies
gilt insbesondere für folgende Ergebnisse:

— Die Rechnungshöfe sind nicht „Verfassungsorgane" des
   staatlichen Bereichs und können aus einer solchen Stellung keinerlei besondere Befugnis gegenüber kirchlichen
   Instanzen ableiten[15].

— „Vorgängige" oder „begleitende" Kontrollen sind in keinem Falle zulässig; „Beratungen" seitens der staatlichen

---

[15] Vgl. *Leisner* (FN 6), S. 26 ff.

Rechnungsprüfung unterliegen daher grundsätzlichen Bedenken[16].

— Rechnungshöfe erstatten Gutachten; gerichtsähnlich-„entscheidende" Bemerkungen sind ihnen jedenfalls untersagt[17].

— Aus einem angeblichen — in Wahrheit nicht gegebenen — „unmittelbaren Zugangsrecht zur Öffentlichkeit" können die Rechnungshöfe keinerlei Rechtfertigung belastender Kritik ableiten[18].

— Die Maßstäbe der Rechnungsprüfung müssen rechtsstaatlich deutlich beschränkt sein, sie dürfen nicht erst — unvorhersehbar — durch die staatlichen Rechnungsprüfer gesetzt werden. Deren Wirtschaftlichkeitsvorstellungen dürfen nicht in der Weise den kirchlichen Trägern aufgezwungen werden, daß die Rechnungshöfe auch noch deren Zwecksetzungen oder die Zweckvorgaben der Vergabebehörden ihnen gegenüber kritisieren. Insbesondere kirchliche Zwecksetzungen haben sie vielmehr — von offensichtlichem Mißbrauch abgesehen — hinzunehmen[19].

— Verfahrensrechtliche Bindungen sind auch den kirchlichen Trägern gegenüber streng zu beachten, so insbesondere das Verbot der „Herausgreif-Prüfungen", das Gebot der Amtsverschwiegenheit und der maximalen Anonymisierung privater Daten[20], sowie das Recht auf Gehör[21].

Keinesfalls dürfen gerichtsähnlich-„entscheidende" Prüfungsfeststellungen getroffen werden, die Prüfer dürfen nicht versuchen, trägerfremde eigene Wirtschaftlichkeitsfeststellungen durchzusetzen oder das Recht auf Gehör verletzen.

---

[16] aaO., S. 40 ff.

[17] aaO., S. 51 ff.

[18] aaO., S. 63 ff.

[19] aaO., S. 71 ff.

[20] Und zwar auch bei der Prüfung der Vergabebehörden.

[21] aaO., S. 139 ff.

Dies alles gilt selbst dann, wenn man grundsätzlich eine staatliche Rechnungsprüfung „bei den" kirchlichen Trägern für zulässig hält — entgegen den vorstehend (1, 2) allgemein aus deren Privatheit entwickelten Grundsätzen und den im folgenden noch zu vertiefenden staatskirchenrechtlichen Überlegungen (C).

Die kirchlichen Träger haben *jedenfalls dieselben Rechte gegenüber der staatlichen Rechnungsprüfung wie alle anderen Privaten, ein „privater Minimalstandard" ist ihnen gegenüber, unbeschadet weitergehender staatskirchenrechtlich begründeter Berechtigungen, unbedingt zu wahren.*

Insbesondere ist im Falle der kirchlichen Träger davon auszugehen, daß hier die *Gefahr eines Aufbaus „staatlicher Schattenhaushalte außerhalb der Staatsorganisation"* nicht in vergleichbarem Maße besteht wie bei (anderen) juristischen Personen des Privatrechts, die von staatlichen Trägern geschaffen oder kontrolliert werden[22]. Die Trennung von Kirche und Staat macht der staatlichen Finanzgewalt einen wie immer gearteten Zugriff auf kirchliche Haushalte von vornherein unmöglich[23]. Deshalb kann auch eine Prüfung auf der Grundlage des § 104 HO — eine Kontrolle also „der Privaten"[24] — hier nie in Betracht kommen.

4. Grundrechtsschutz der kirchlichen Träger der Freien Wohlfahrtspflege

Die kirchlichen Träger sind, soweit es sich um *juristische Personen des Privatrechts* handelt, Träger staatlicher Grund-

---

[22] Dazu näher aaO., S. 103 ff.

[23] Es sei denn, derartige — staatskirchenrechtlich möglicherweise unzulässige, vgl. im folgenden C — Verbindungen würden gerade durch — ebenso unzulässige — Zuwendungskontrollen geschaffen.

[24] Dazu aaO., S. 115 ff.

rechte, ebenso wie alle anderen Träger der Freien Wohlfahrtspflege[25]. Ihre Gemeinnützigkeit schließt die Geltendmachung der Grundrechte nicht aus, insbesondere von Art.
12 Abs. 1 GG (Berufsfreiheit), Art. 14 Abs. 1 GG (Eigentum)
und Art. 2 Abs. 1 GG (Intimsphäre).

*Grundrechtsfähig sind jedoch auch kirchliche Träger in
der Organisationsform des öffentlichen Rechts.* „Sie können
also, unbeschadet ihrer besonderen Qualität, wie jedermann
dem Staat „gegenüber"-stehen, eigene Rechte gegen den
Staat geltend machen. Sie sind unter diesem Gesichtspunkt
grundrechtsfähig"[26]. Dies gilt für alle Grundrechte, die ihrem
Wesen nach von den Kirchen und kirchlichen Trägern in
Anspruch genommen werden können[27], nicht nur für Art. 4
GG. Dessen im einzelnen noch nicht abschließend geklärtes
Verhältnis zu den Kirchenartikeln der WRV[28] braucht hier
nicht vertieft zu werden. Auf andere Grundrechte können
sich die kirchlichen Träger jedenfalls, unbeschadet ihrer
speziellen kirchenrechtlichen Rechte nach den Kirchenartikeln (zusätzlich noch) berufen. Anderenfalls wären sie von
der Geltendmachung ihrer Rechte im Wege der Verfassungsbeschwerde ausgeschlossen, was nicht der Sinn der Über-
nahme der Kirchenartikel in das GG war. Hervorzuheben ist
dabei, daß Grundrechte auch durch „indirekte Beeinträchtigung" verletzt werden können, insbesondere also durch her-
absetzende Kritik seitens einer Behörde, hier: der staatlichen
Rechnungsprüfung.

Selbst wenn man also der Auffassung nicht folgen wollte,
daß nichtstaatliche Träger einer solchen Überprüfung überhaupt nicht unterworfen werden dürfen, so müßte doch,

---

[25] aaO., S. 123 ff.

[26] BVerfG DVBl 1976, S. 901.

[27] Das läßt sich bereits aus Art. 19 Abs. 3 GG ableiten.

[28] BVerfGE 53, S. 366 (401); 57, S. 220 (244); *Fischer / Härdle,* Trennung
von Staat und Kirche, 3. Aufl. 1984, S. 192; *Friesenhahn* und *Leisner,*
Diskussion in: Essener Gespräche, Bd. 17, 1983, S. 30 ff.

schon aus Gründen der Verhältnismäßigkeit[29]*, bei derarti-*
gen Kontrollen mit einer solchen Zurückhaltung vorgegan-
gen werden, daß dies praktisch zur Unzulässigkeit jedenfalls
„inquisitorischer Prüfungen" führen müßte.

Staatskirchenrechtliche Rechtspositionen der freien
kirchlichen Träger schließen übrigens — seien sie nun grund-
rechtlich (über Art. 4 GG) verfestigt oder nicht — keineswegs
die Berücksichtigung auch kirchlich bedingter Besonderheiten zugunsten der kirchlichen Einrichtungen im Rahmen
einer *Verhältnismäßigkeitsabwägung bei den anderen*
Grundrechten, insbesondere im Bereich der Wahrung einer
Intimsphäre (Art. 2 Abs. 1 GG) aus, bei der kirchliche Träger
von jeher besondere Diskretion zu wahren haben.

Die kirchlichen Träger der Freien Wohlfahrtspflege stehen
also nicht — das muß hier betont werden — *unter einem*
„*staatskirchenrechtlichen Sonderrecht",* das die Geltendmachung anderer Rechtspositionen von vornherein ausschlös-
se; denn die im folgenden näher zu behandelnden staatskirchenrechtlichen Bestimmungen erweisen sich als „notwendige, wenngleich selbständige Sicherungen, welche der *Frei-*
heit des religiösen Lebens und Wirkens der Kirchen und
Religionsgemeinschaften die zur Wahrnehmung dieser Aufgaben unerläßliche Freiheit der Bestimmung über Organisation, Normsetzung und Verwaltung *hinzufügt"*[30] (Herv. v.
Verf.).

---

[29] Vgl. *Leisner* (FN 6), S. 127.
[30] BVerfGE 57, S. 220 (244), unter Hinw. auf E 53, S. 366 (401).

II. Rechnungskontrolle kirchlicher Träger nach den Grundsätzen über die Prüfung von Körperschaften des öffentlichen Rechts?

1. Die freien Träger als „kirchliche Einrichtungen"

Im Falle der Beratungsstellen, wie überhaupt bei der Tätigkeit der kirchlichen Träger der Freien Wohlfahrtspflege, geht es um *„Karitas"*. Das Wesen dieser karitativen Aktivitäten ist vom BVerfG ganz eindeutig als *religiöse Tätigkeit* gekennzeichnet worden, „also (als) etwas anderes als ein sozialer Vorgang, der sich in der Fürsorge für Arme, Elende und Bedürftige aus Mitverantwortung für den Nächsten im Interesse eines friedlichen Zusammenlebens im Staat erschöpft …"[31]. Gleichgültig ist, wem dies zugute kommt[32] — diese Tätigkeit, etwa des Diakonischen Werks[33], *ist nach ganz herrschender Auffassung „Religionsausübung"*[34] und unterfällt damit in vollem Umfang dem Schutzbereich des Art. 4 GG wie den Kirchenartikeln der WRV in Verbindung mit Art. 140 GG. „In der Gegenwart ist dieses Feld kirchlicher Tätigkeit weit ausgedehnt"[35], wobei im einzelnen wesentlich auf das *Selbstverständnis der Kirchen* abgestellt wird[36]. Die Berechtigung der gegen letztere Auffassung geäußerten Kritik[37], die eine allzuweite Ausdehnung des kirchlichen

---

[31] BVerfGE 24, S. 236 (249).

[32] BVerfGE 46, S. 73 (91).

[33] Vgl. BAG KirchE 21, S. 162 (164).

[34] BVerfGE 24, S. 236 (247); vgl. auch den Überblick über die Rechtsprechung des Gerichtes bei *Fischer / Härdle* (FN 28), S. 192 ff.; BayVerfGH BayVBl 1985, S. 332 (335); *Mikat, P.*, Die Grundrechte IV, 1, 1960, S. 111 (193); *Scheuner, U.*, Essener Gespräche Bd. 8, 1974, S. 43 (58); *Marré, H.*, Handbuch des Staatskirchenrechts, II, 1975, S. 5 (49); *von Campenhausen, A.*, Staatskirchenrecht, 1983, 2. Aufl., S. 84.

[35] *Scheuner, U.*, Begründung, Gestaltung und Grenzen kirchlicher Autonomie, in: Symposium für A. Füllkrug, 1979, S. 1 (17).

[36] Siehe für viele BVerfGE 24, S. 236 (247/248); siehe dazu auch etwa *Grundmann*, JZ 1966, S. 81 (84).

[37] Vgl. etwa *Scheuner* (FN 35), S. 19.

Schutzbereichs zu Lasten des Staates befürchtet, mag hier dahinstehen — bei Schwangerschafts-, Jugend- und Familienberatungsstellen liegen karitativ-diakonische und im *engen* Sinn religiös-betreuende Tätigkeiten in unauflöslichem Gemenge: Hier geht es nicht nur um soziale Hilfe für den Mitmenschen, sondern auch um dessen Verantwortung vor Gott, um Sünde und Rechtfertigung, also um unbestritten pastorale Kernbereiche christlich-religiöser Ethik.

Die kirchlichen Träger der Freien Wohlfahrtspflege sind daher mit Sicherheit in demselben Sinn „kirchliche Stellen" wie eine Pfarrei, ein Landeskirchenamt, ein bischöfliches Ordinariat. Soweit sie in öffentlich-rechtlicher Rechtsform geführt werden, haben sie teil an dem Körperschaftsstatus ihrer Religionsgesellschaft (Art. 137 Abs. 5 S. 1 WRV iVm 140 GG). Dasselbe muß aber auch insoweit gelten, als die freien Träger in privatrechtlichen Formen, etwa in der eines e. V., geführt werden: Wenn sie „als Träger der Karitas" verfassungsrechtlich ihren Kirchen zugeordnet, wie deren Amtsinstanzen behandelt werden (vgl. oben), so müssen sich diese kirchlichen Träger auch in vollem Umfang — jedenfalls materiell-rechtlich — so behandeln lassen, als seien sie (Teile von) „Körperschaften des öffentlichen Rechts", und dies gilt auch im Verhältnis zur staatlichen Rechnungsprüfung. Es fragt sich also, *ob sie sich „wie Körperschaften des öffentlichen Rechts" von den Rechnungshöfen prüfen lassen müssen.*

2. Keine staatliche Rechnungsprüfung kirchlicher Körperschaften

Der Bundesgesetzgeber durfte aufgrund der Verfassung nach herrschender Lehre das staatliche Haushalts- und Finanzkontrollrecht auf Körperschaften des öffentlichen Rechts erstrecken, schon „angesichts der Stellung und Funktion dieser Institutionen, die im Regelfall Träger mittelbarer

Staatsverwaltung sind"[38]. Die Existenz dieser Körperschaften beruht eben auf einem „Kreationsakt des Staates"[39], der sie daher ebenso einer Rechnungskontrolle wie auch einer — noch weitergehenden, aber traditionellen — Körperschaftsaufsicht unterwerfen darf.

Dies gilt aber, als „einzige Ausnahme, nicht für die Religionsgesellschaften mit Körperschaftsstatus (Art. 140 GG, Art. 135 Abs. 5 WRV)". Denn diese sind nicht „verwaltungsrechtliche" Körperschaften. „Sie leiten ihre Existenz und Befugnisse nicht vom Staat ab, sondern bestehen und handeln aus eigenem Recht. Sie werden deshalb auch als autokonstitutionelle Körperschaften mit verfassungsrechtlichem Rang bezeichnet"[40].

Dies entspricht auch der Judikatur des BVerfG, das in diesem staatskirchenrechtlichen Körperschaftsstatus nur die staatliche Anerkennung der „Fähigkeit, Träger öffentlicher Kompetenzen und Rechte zu sein, und die Anerkennung der besonderen Bedeutung der öffentlichen Wirksamkeit einer Religionsgesellschaft" gesehen hat[41]. Nach ganz herrschender Lehre ergeben sich jedoch aus diesem öffentlichen Körperschaftsstatus in keiner Hinsicht (gesteigerte) Kirchenaufsichtsrechte für die Staatsgewalt[42]; denn die

---

[38] *Knöpfle*, F., Die Zuständigkeit der Rechnungshöfe für die Prüfung der Körperschaften des öffentlichen Rechts, 1988, S. 52, der diesem Problemfeld eine eingehende Monographie gewidmet hat, vgl. dazu auch *Ossenbühl*, F., Rundfunkfreiheit und Rechnungsprüfung, 1984.

[39] *Knöpfle*, aaO., S.14.

[40] *Knöpfle*, aaO. m. Nachw.

[41] BVerfGE 19, S. 129 (133).

[42] Vgl. etwa BVerwGE 25, S. 226 (229); OVG Münster, NJW 1978, S. 905 (906); *Fischer / Härdle* (FN 28), S. 189; *Weber*, H., Die Religionsgemeinschaften als Körperschaften des öffentlichen Rechts im System des Grundgesetzes, 1965, S. 153; *Peters*, H., VVDStRL 11, 1954, S. 117 (187). Aus der Rechtsprechung siehe überdies noch VG Schleswig, ZevKR 3 (1953/4), S. 419 (421/422); LG Dortmund, MDR 1962, S. 408/409.

kirchlichen Instanzen sind auf diese Weise nicht etwa in die Staatsorganisation eingegliedert worden[43].

Dasselbe gilt also auch für alle kirchlichen Träger der Freien Wohlfahrtspflege. Zwar müssen sie sich, auch gegenüber der Rechnungskontrolle, den jeweiligen Kirchen zuordnen lassen (vgl. oben 1 am Ende). Aus deren Körperschaftsstatus folgt aber weder diesen noch ihnen zugeordneten kirchlichen Trägern gegenüber irgendein staatliches Aufsichts- oder Kontrollrecht, und dies muß auch für die Rechnungsprüfung gelten.

Der kirchliche Körperschaftsstatus hat also bei der hier zu prüfenden Frage völlig außer Betracht zu bleiben, auch bei der nun beginnenden staatskirchenrechtlichen Überprüfung. Dieser Status ändert nichts an der Stellung der kirchlichen Träger als „nichtstaatliche", private Instanzen.

---

[43] BVerfGE 19, S. 129 (133); BVerfG DVBl 1976, S. 901; *Niebler,* E., BayVBl 1984, S. 1 (2).

C. Die Rechnungsprüfung kirchlicher Träger nach Staatskirchenrecht

I. Die staatskirchenrechtliche Fragestellung

1. Wenn es außer Frage steht, daß die Kirche und die kirchlichen Träger der Freien Wohlfahrtspflege als solche der staatlichen Rechnungskontrolle nicht unterliegen (siehe oben B am Ende), so fragt es sich doch, ob eine solche nicht bei *Annahme staatlicher Zuwendungen* in Betracht kommt, ob dann die Kontrolle nicht sogar auf die gesamte Wirtschaftsführung des Trägers erstreckt werden darf (§ 91 HO). Unbeschadet der Anwendung der für alle nicht-staatlichen Einrichtungen geltenden Grundsätze ergibt sich hier *eine spezifisch staatskirchenrechtliche Problematik*: Selbst wenn „andere Private", im Rahmen der HO, geprüft werden dürften, man also auch für die kirchlichen Träger der staatlichen Rechnungsprüfung, unter Berufung auf das bisher Dargelegte, dem jedenfalls nicht grundsätzlich entgegentreten könnte, so könnten doch die *grundgesetzlichen Regelungen* des Verhältnisses von Kirche und Staat entgegenstehen.

2. Es geht hier um eine *grundsätzliche staatskirchenrechtliche Problematik*: Die staatliche Rechnungsprüfung führt dazu — und dies ist durchaus gewollt —, daß *einerseits Organisationsentscheidungen kirchlicher Instanzen* durch staatliche Ingerenz beeinflußt, möglicherweise umgestaltet werden, *andererseits verpflichtet sie die kirchlichen Träger, sich staatlichen Wirtschaftlichkeitsvorstellungen zu unterwerfen*, welche über die staatliche Rechnungsprüfung durchgesetzt werden. Nun könnte man einwenden: Selbst wenn es eine solche nicht gäbe, wenn sie sich allein mit dem Verhal-

ten der Vergabebehörden beschäftigte, komme es zu ähnlichen „Einmischungen" in den kirchlichen Bereich. Die staatlichen Stellen beeinflußten dann eben die kirchliche Tätigkeit über jene *Lenkungsauflagen*", welche vor allem in den Vergabebestimmungen der Zuwendungsrichtlinien enthalten und als solche allgemein akzeptiert seien — unbeschadet der staatlichen Verpflichtung, die Privatautonomie und, insbesondere, die kirchliche Freiheit zu achten[44]. Man wird vom subventionierenden Staat nicht verlangen dürfen, daß er seine Zuwendungen ohne jede Bedingung den kirchlichen Trägern zuweist und es überdies noch diesen allein und völlig unkontrolliert überläßt, wie sie diese Mittel verwenden.

Hier geht es aber nicht um diese — allgemeine — Problematik, sondern allein um die mit der staatlichen Rechnungsprüfung zusammenhängenden Fragen:

— Darf der Staat selbst die Verwendung überprüfen?

— Ist es ihm gestattet, im Rahmen solcher Kontrollen seine eigenen Wirtschaftlichkeitsvorstellungen den kirchlichen Trägern aufzuzwingen, noch weit über die Einzelbestimmungen der Förderung hinaus?

— Darf dies gerade durch jene Form der staatlichen Rechnungsprüfung geschehen, die, wie gerade der eingangs berichtete Fall zeigt, mit unverhältnismäßig größerer Publizitätswirkung ausgestattet ist als Überprüfungen der Vergabebehörden bei den kirchlichen Trägern?

Klar muß allerdings sein, daß staatliche Verwendungskontrollen auch als „indirekte Prüfungen" staatskirchenrechtlich problematisch sein können: Wenn etwa die Rechnungshöfe die Vergabeinstanzen zwingen, entsprechende Nachprüfungen bei den kirchlichen Trägern anzustellen, ihnen Fragestel-

---

[44] Dieser Problemkreis wurde bereits — ebenfalls unter besonderer Berücksichtigung der Freien Wohlfahrtspflege — näher behandelt bei *Leisner*, W., Die Lenkungsauflage, 1982, zur staatskirchenrechtlichen Problematik insbes. dort S. 76 ff.

lungen dafür vorgeben, so wird zwar der staatliche Einfluß „über die Vergabebehörde" geleitet, er kann aber grundsätzlich, jedenfalls materiell-rechtlich gesehen, ebenso tief eindringen, wie wenn der Einfluß unmittelbar durch den Druck der Rechnungsprüfung auf den kirchlichen Träger ausgeübt würde.

Die Problematik ist also unter staatskirchenrechtlichen Gesichtspunkten eine doppelte:

— Welches sind die staatskirchenrechtlichen Grenzen der Einflußnahme der Vergabegewalt auf die kirchlichen Träger, sei es über die Vergabebehörden, sei es durch unmittelbaren Eingriff der Rechnungsprüfung bei den kirchlichen Trägern? Hier stellt sich die Frage „Vergabebedingungen und kirchliche Freiheit".

— Können sich die kirchlichen Träger, unter Berufung auf Staatskirchenrecht, gegen die Durchsetzung solcher Auflagen gerade durch die staatliche Rechnungsprüfung mit Erfolg wenden?

Im folgenden werden diese beiden Aspekte grundsätzlich zusammen behandelt; doch die besondere Akzentuierung der staatlichen Einflußnahme gerade auf dem Weg über die „publizitätsstarke Rechnungsprüfung" gilt es dabei stets in den Vordergrund zu stellen. Sie fügt ja auch materiell-rechtlich den Vergabebestimmungen etwas Bedeutsames hinzu: Hier werden Wirtschaftlichkeitsgrundsätze allgemeiner Art gegenüber den kirchlichen Trägern durchgesetzt, zu deren Aufstellung und Sanktionierung sich gerade die Rechnungsprüfung für befugt hält, während die Vergabebehörden selbst entweder gar nicht oder doch nicht in gleicher Systematik diese Wirtschaftlichkeit nach staatlichen Grundsätzen überprüfen würden. Die Problematik der „staatlichen Rechnungsprüfung kirchlicher Einrichtungen" ist also doch letztlich etwas anderes als die der staatlichen Lenkungsauflagen gegenüber den Kirchen.

3*

3. Soweit ersichtlich, ist diese Frage bisher *noch nicht näher untersucht worden*, ebensowenig, ob nicht die Existenz einer eigenständigen kirchlichen Rechnungsprüfung — als öffentlich-rechtlicher kirchlicher Einrichtung — die staatliche Rechnungskontrolle über kirchliches Finanzgebaren ausschließt oder doch überflüssig macht (siehe im folgenden D). Die kirchlichen Träger haben wohl in der Regel die staatliche Rechnungskontrolle hingenommen, weil sie sich bisher nicht allzu belastend ausgewirkt hat. Im Schrifttum wurde nur ganz vereinzelt und am Rande das Problem überhaupt angesprochen, so wenn es hieß, bei freiwilligen Leistungen des Staates komme eine Verwendungskontrolle, nicht aber eine Aufsicht in Betracht[45]. Andererseits lassen gelegentliche Äußerungen, die sich indirekt auf die Frage beziehen, eine bemerkenswerte Zurückhaltung erkennen: Die öffentlich-rechtlichen Gestaltungsmöglichkeiten seien den Kirchen nicht zur Erfüllung staatlicher, sondern eigener Aufgaben zugewiesen — um solche handelt es sich grundsätzlich auch bei der Karitas — deshalb komme eine staatliche „Einmischung" nicht in Betracht; dies müsse dann auch für die Subventionskontrolle gelten[46], lediglich bei Übertragung staatlicher Befugnisse auf kirchliche Träger könne auch staatliche Kontrolle eingesetzt werden[47]. Nur wo kirchenorganisatorische Veränderungen Staatsleistungen erforderlich machten, könne eine Mitwirkung staatlicher Instanzen berechtigt sein[48]. Selbst nach den (früheren) preußischen Gesetzen über die kirchliche Vermögensverwaltung — auf die noch unten IV zurückzukommen sein wird — sei eine Einsichtnahme verfassungswidrig, wenn damit mehr bewirkt werde als eine allgemeine Rechtsaufsicht[49]. Ein generelles

---

[45] So *Geller / Kleinrahm / Fleck*, Die Verfassung des Landes NW, Art. 19 3 A aa unter Hinw. auf die HO.

[46] *Weber*, H. (FN 42), S. 154.

[47] *Weber*, aaO., S. 59.

[48] *Scheuner* (FN 35), S. 17.

[49] *Mörsdorf*, K., Lehrb. des Kirchenrechts, II, 1967, S. 537.

Haushaltskontrollrecht über die Kirchen und ihre Träger wurde lediglich in einer gänzlich anderen staatskirchenrechtlichen Situation, aufgrund der staatlichen Mitwirkung bei der Kirchensteuererhebung, in einigen Ländern ausdrücklich in Anspruch genommen[50] (näher dazu noch unten V).

Das *kirchliche Recht* sieht, soweit ersichtlich, eine Rechnungsprüfung staatlicher Instanzen nicht vor, selbst dann würde dies übrigens eine kirchliche Rechnungskontrolle nicht ausschließen[51].

Eine herrschende Lehre zum staatskirchenrechtlichen Aspekt der Problematik gibt es also nicht. Die Untersuchung muß sich daher einer Lösung einerseits von allgemeinen Grundsätzen, andererseits von naheliegenden Problemkreisen des Staatskirchenrechts aus nähern.

II. Der allgemeine Maßstab: die kirchliche Selbständigkeit

1. Die Trennung von Kirche und Staat

a) Staat und Kirche stehen sich gegenüber nicht nur als Rechtssubjekte des staatlichen Rechts getrennt, sondern als Träger von nach Geltungsgrund und Wesen völlig unterschiedlichen Rechtsordnungen — als „zwei Reiche" im lateinischen Sinn des imperium, das zugleich die „Befehlsgewalt" und deren Legitimation bedeutet. Dies ist heute der zentrale Inhalt jenes Rechtsprinzips der „Trennung von Kirche und Staat", das sich in langer Entwicklung in Deutschland herausgebildet hat. „Der Staat beschränkt sich auf die Ordnung des Weltlichen, nimmt keine Kompetenz mehr in Anspruch

---

[50] Nachw. bei *Böhlig*, G., System und Probleme des Kirchensteuerrechts, Diss. Göttingen 1964, S. 197/198.

[51] Vgl. etwa für das kanonische Recht *Mörsdorf* (FN 49), S. 523.

zur Entscheidung in Angelegenheiten der Religion und der Seelen, er entläßt am Ende die Kirchen prinzipiell aus seiner Aufsicht..."[52]. Daß jede dieser „Mächte"[53] die Bedeutung der anderen anerkennt und achtet, widerspricht der Trennung nicht, es bestätigt sie. Dasselbe gilt für die daraus folgende *Partnerschaft*, welche stets erneute Kooperation hervor-bringt und sogar eine „Konkordanz zwischen staatlicher und kirchlicher Ordnung"..., die es gestattet, auf beiden Seiten davon auszugehen, daß staatliche Gesetze nicht die den Kirchen im wesentlichen eigenen Ordnungen beeinträchti-gen und daß kirchliche Gesetze nicht die für den Staat unabdingbare Ordnung kränken werden"[54]. Die so gewonne-ne „Freiheit der Kirchen" läßt sich also keineswegs mit der privaten Bürgerfreiheit vergleichen, denn diese gilt immer *im Staat*, die der Kirchen steht wesentlich *„dem Staat gegen-über"*. Nur dort, wo die Kirchen zur Mitwirkung im weltlichen Bereich herangezogen werden, treten sie in die typisch bür-gerhafte Bindung-Freiheit-Konstellation[55], die nichts zu tun hat mit der heutigen Trennung von Kirche und Staat. Dies ist die Grundlage des „kirchenpolitischen Systems der Bundes-republik Deutschland"[56]: In dieser „Eigenständigkeit und Unabhängigkeit", die einem solchen „Kirchenverständnis" zugrunde liegt[57], stehen sich hier zwei Institutionen gegen-über, die einander vorgegeben sind[58].

---

[52] BVerfGE 42, S. 312 (330/331); zur Entwicklung des Trennungsprinzips vgl. m. Nachw. vor allem *Mikat*, P., Handb. des Verfassungsrechts der Bundesrepublik Deutschland, hgg. von *Benda / Maihofer / Vogel*, 1983, S. 1059 ff.

[53] Dieses Wort zeigt, besser als „Gewalten", das Sich-Gegenüberstehen von Staat und Kirche.

[54] BVerfGE 42, S. 312 (340).

[55] Siehe *Hesse*, K., EvStL, 3. Aufl. 1987, Sp. 1546 (1571).

[56] *Hesse*, K., aaO., im Anschluß an BVerfGE 18, S. 385 (386).

[57] So BVerfGE 24, S. 226 (229); der Begriff „Unabhängigkeit" wird eben-falls weder für Bürger noch für autonome Rechtsträger im Verhältnis zum Staat verwendet.

[58] BVerwGE 25, S. 226 (229).

Dies alles gilt in den Ländern ebenso wie im Bundesbereich[59]. *Die Kirchenhoheit ist weggefallen*[60]. Die dem Staat nebengeordneten[61], gleichgeordneten[62] Kirchen sind nicht ein Stück Staat, sondern ein Gegenstück zum Staat[63].

b) Eine so verstandene Trennung von Kirche und Staat schafft ein *allgemeines staatsrechtliches Koordinatensystem*, in welches sich eine staatliche Rechnungsprüfung kirchlicher Träger kaum einfügen läßt. Diese geht eben doch von einem *grundsätzlichen Mißtrauen* gegenüber Organisation, Personal und Zielsetzungen der anderen Seite aus, welches im Rechtsstaat innerhalb der Staatsorganisation berechtigt sein mag, nicht aber *gegenüber völlig außenstehenden Instanzen*, wie im Falle der Kirchen und ihrer Träger. Hier stehen sich — in völkerrechtlicher Terminologie[64] — *„zwei Souveränitäten"* gegenüber. Es ist jedoch völlig unüblich, daß eine von solchen sich mit genuinen wesentlichen Angelegenheiten einer anderen in so weitgehenden Kontrollen beschäftigt, ja sie lenkt, wie dies die Folge staatlicher Rechnungsprüfung sein müßte. Auch zwischen den Staaten finden Kooperationen und, zu diesem Zweck, Vermögenstransfers in vielfacher Weise statt; diese letzteren mögen auch an gewisse Auflagen und Bedingungen gebunden sein, ja punktuelle Kontrollen kennen. In keinem Falle aber führt dies zu auch nur annähernd so schwerwiegenden und allseitigen Informations- und Beeinflussungsrechten wie dies die

---

[59] Vgl. gerade für NW BFH NJW 1969, S. 2031 (2032); siehe auch BayVerfGH BayVBl 1985, S. 332 (335).

[60] Für viele *Hesse*, K., Der Rechtsschutz durch staatliche Gerichte im kirchlichen Bereich, 1956, S. 77; *Scheffler*, G., Staat und Kirche, 2. Aufl. 1973, S. 236.

[61] OVG Münster NJW 1978, S. 905 (906).

[62] BGHZ 12, S. 321; 22, S. 383.

[63] VG Schleswig, ZevKR 3 (1953/4), S. 419 (422), unter Hinw. auf *Vischer*.

[64] Und daß diese hier angemessen ist, ergibt sich schon daraus, daß die Völkerrechtsordnung der staatlichen gegenüber ebenso eine „ganz andere" und in sich perfekt ist wie die Kirchenrechtsordnung.

Folge staatlicher Rechnungsprüfung sein muß — über vom Staat völlig getrennte Rechtsträger, die überdies über eine eigene Rechnungsprüfung verfügen (vgl. im folgenden D). Die Verzahnung der staatlichen und kirchlichen Aktivitäten im Sozialbereich ist an sich schon aus der Sicht der Trennung von Kirche und Staat nicht unproblematisch. Sie hat aber lange Tradition, hat sich stets bewährt und ist über die republikanische Trennung von Kirche und Staat hinweg *in erster Linie gerade auf Wunsch und im Interesse des Staates* fortgesetzt worden. Diese sinnvolle Aufgabenverbindung nun aber durch eine kontrollmäßige Organisationsverbindung zu verfestigen, wie sie die Rechnungsprüfung eben doch und in massiver Weise darstellt, und mit nahezu grenzenloser Ausweitungstendenz, wie es die Möglichkeit, den Gesamthaushalt der Kirchen zu kontrollieren, gestattet (vgl. § 91 Abs. 2 HO) — das erscheint als mit der Trennung von Kirche und Staat unvereinbar, wenn dieses Prinzip noch irgendeinen Sinn haben soll. Umgekehrt müßten dann die Kirchen die Belange des Staates prüfen dürfen, um festzustellen, ob dort denn — nach ihren Vorstellungen — wirtschaftlich verfahren werde, ebenso in allen anderen Fällen, in welchen kirchliche Instanzen dem Staat finanziell helfen, etwa bei Katastrophen. Die Abwegigkeit dieser Folgerung zeigt, daß auch die Umkehr gelten muß: *Keine staatliche Rechnungsprüfung über kirchliche Instanzen, weil hier eben der Staat einem anderen Partner vertraut hat, der souverän ist wie er selbst.*

Nur diese Auslegung nimmt die Trennung von Kirche und Staat ernst, sie allein geht aus von jener vom BVerfG beschworenen „Konkordanz", die eben darauf beruht, daß keine Seite die unabdingbare Ordnung der anderen kränken wird[65].

---

[65] BVerfGE 42, S. 312 (340).

2. Eigenständigkeit, nicht Autonomie der Kirchen

a) Noch deutlicher werden allgemein-grundsätzliche Bedenken gegen die staatliche Rechnungsprüfung kirchlicher Instanzen, berücksichtigt man, daß diese nicht nur von der Staatsgewalt „getrennt", durch einen umhegten Autonomieraum abgegrenzt sind, sondern daß hier echte *rechtliche Eigenständigkeit* auf kirchlicher Seite vom Staat zu achten ist.

Der Staat „erkennt die Kirchen als Institutionen mit dem Recht der Selbstbestimmung an, die ihrem Wesen nach unabhängig vom Staat sind und *ihre Gewalt nicht von ihm herleiten*" (Herv. v. Verf.)[66]. Durch diese Eigenständigkeit unterscheiden sich die Kirchen von allen anderen Autonomieträgern des privaten und des öffentlichen Rechts. *Die kirchliche Gewalt, d. h. alle kirchliche Aktivität, auch die im Sozialbereich, ist „eigenständig", sie ist nie, an keiner Stelle, in keiner ihrer Ausprägungen, „vom Staat verliehen"*; das schließt nicht aus, daß die Kirchen *daneben auch* vom Staat ihnen besonders verliehene *Befugnisse* ausüben, nur insoweit sind sie „beliehene Unternehmer" der Staatsgewalt. Doch „im Gemenge liegen" können beide Gewalten begrifflich nicht, sie können sich auch grundsätzlich nicht überlagern — „kirchliche Tätigkeiten im staatlichen Gewande und umgekehrt" gibt es nicht[67]. Eine Ordnung mag auf die andere verweisen, diese rezipieren; sie mögen sich gegenseitig „äußerste" Schranken setzen — aber sie überlagern sich eben nicht in dem Sinne, daß die eine „irgendwie schon in der anderen enthalten" oder dieser gegenüber subsidiär wäre, oder die andere wesentlich und überall (letztlich) zu beachten hätte.

---

[66] BVerfGE 18, S. 385 (386) — Die Judikatur des Gerichts ist stets diesem Grundsatz treu geblieben

[67] So für das Besoldungsrecht BVerwGE 28, S. 345 (350).

Begriffsklarheit muß hier herrschen, „Eigenständigkeit"
gilt es ernst zu nehmen als etwas *Originäres.* „Es geht hier
also nicht bloß um einen aus der ... „virtuellen Allumfassendheit (Herbert Krüger) des Staates ausgesparten Autono-
miebereich, sondern um etwas grundlegend anderes: um
verfassungstranszendente, nicht vom weltlichen Recht her
legitimierbare, eigenständige und unabhängige eigene
Rechtsmacht, die nicht „verliehen", sondern „anerkannt"
wird. Diese Aussage über den konstitutionellen Grundstatus
der Religionsgemeinschaften bedeutet nichts weniger als die
Absage an einen rechtsmonopolistischen Etatismus"[68].

Von „Freiheit" der Kirchen sollte also nicht gesprochen
werden, wo „Eigenständigkeit" gemeint ist, denn es besteht
hier nicht ein staatsfreier Raum, sondern eine staatsunabhängige Gewalt; mit Menschenrechtskategorien läßt sie sich
nicht voll erfassen[69]. *Diese Ursprünglichkeit der Kirchenge-
walt ist unvergleichbar mit dem originären Charakter, den
staatliches Recht anderen Körperschaften zuerkennt*[70]. Was
immer man daraus im einzelnen ableiten mag: Hier ist nicht
Autonomie gegeben, staatlich anerkannte Selbstbestimmung, sondern eine *staatsferne, ganz andere Gewalt*[71]. Daraus folgt ja auch die grundsätzliche Freistellung der Kirchen

---

[68] *Hollerbach,* A., AöR 92 (1967), S. 99 (108); vgl. auch dessen spätere
Darlegungen zum Selbstbestimmungsrecht der Kirchen in der Rechtsprechung des BVerfG, AöR 106 (1981), S. 219 (236 ff.); ferner für viele *Mikat*
(FN 52), S. 1063/4, unter Hinw. auf BVerfG NJW 1980, S. 1895, sowie etwa
auch die bei *Weber,* H., ZevKR 1983, S. 15 zitierten Autoren.

[69] Wer die Freiheitskategorie einsetzt, geht doch, bei aller menschen-
rechtlichen Liberalität, gerade von jener „virtuellen Allumfassendheit"
aus, welche hier — geschichtlich und begrifflich — nicht anerkannt
werden kann. Für die Kirchen trifft dies nicht einmal historisch zu — voll
oder auch nur prinzipiell staatsunterworfen, staatseingebunden wie das
„Staatsvolk", die Bürger, waren sie nie.

[70] Wie etwa den Gemeinden, vgl. Art. 1 BayGO.

[71] Mit Recht wird daher festgestellt: „Hinfällig ist der Begriff der kirchlichen Autonomie" (*Hesse,* FN 60, S. 78); ein Vergleich zur Selbstverwaltung
des staatlichen Bereichs läßt sich nicht ziehen (*Scheuner,* FN 35, S. 9).

von der staatlichen Rechnungsprüfung (vgl. oben B am Ende).

b) Dies muß nun aber, aus diesen allgemeinen Grundsätzen heraus, *auch für Zuwendungen des Staates gelten.* Alles
was die kirchlichen Träger als Karitas bewirken, geschieht
nicht in einem Raum privater Freiheit, die vom Staat geachtet werden müßte, jedenfalls aber ohne jeden Einsatz öffentlicher Gewalt. Vielmehr *setzen die Kirchen eine staatsparal-
lele, der staatlichen gleichwertige, aber eben andersartige
öffentliche Gewalt ein, eine nicht-staatliche öffentliche Gewalt*[72]. Diese kann jedoch nun nicht, und zwar begrifflich
nicht, durch die Staatsgewalt kontrolliert werden[73]. Jedenfalls könnte eine solche Kontrolle nie flächendeckend-allge-
mein, sie könnte immer nur punktuell im Überschneidungs-
bereich staatlicher und kirchlicher Aktionsräume wirken,
und auch dort müßte die Eigenständigkeit der kirchlichen
Gewalt im Sinne eines Vorranges der Eigenkontrolle seitens
der Kirchen gewahrt werden.

*Wer bei jedem Zusammenwirken von Kirche und Staat
dem letzteren sogleich die vollen Rechnungsprüfungskom-
petenzen einräumen will, mißachtet den öffentlichen Charakter der eigenständigen kirchlichen Gewalt;* damit würden die Kirchen — eben doch — zu Autonomieträgern wie
alle anderen derartigen Rechtssubjekte auch, dies aber widerspricht Grundprinzipien des Staatskirchenrechts. Hinsichtlich der Zwecksetzungen seitens einer eigenständigen
Gewalt kann eine andere Gewalt Kontrollen wie die der
Rechnungsprüfung grundsätzlich nicht ausüben.

---

[72] „Zwar öffentliche, aber nicht staatliche Gewalt", BVerwGE 25, S. 226
(229).

[73] Es sei denn, ihre Auswirkungen reichten in den staatlichen Bereich
hinein, vgl. dazu unten IV.

3. Eigenständigkeit der kirchlichen Träger
auch im Sozialbereich

a) Das BVerfG hat der Freien Wohlfahrtspflege bestätigt, daß sie in keiner Weise staatlichen Instanzen der Wohlfahrtspflege nachgeordnet sei oder einer besonderen Aufsicht seitens dieser letzteren unterliege[74]:

— Die Träger der Freien Wohlfahrtspflege handeln „nicht als Träger öffentlicher Verwaltung, sondern als private Organisationen", sie dürfen also nicht mit der Staatsgewalt koordiniert oder gar in diese integriert werden.

— „Die Tätigkeit der Träger der freien Jugendhilfe und Wohlfahrtspflege wird vom Gesetz überhaupt nicht „geregelt"; sie sind in der Gestaltung ihrer Arbeit völlig frei"[75].

— Das Sozialstaatsgebot steht dem nicht entgegen[76], es regelt das „Was", nicht das „Wie" der Herstellung einer gerechten Sozialordnung.

Schon aus diesen allgemeinen Rechtsgrundsätzen der Wohlfahrtspflege ergeben sich *generelle Bedenken gegen eine Rechnungsprüfung*, jedenfalls dann, wenn diese in ihre Wirtschaftlichkeitskontrolle das gesamte ökonomische Gebaren der überwachten Träger einbeziehen will. Daraus folgt dann zwangsläufig eine „Koordinierung mit der staatlichen Verwaltungstätigkeit", deren Grundsätze hier durchgesetzt werden sollen, und eine zum Teil sogar sehr enge Reglementierung, welche mit Sicherheit die „völlige Freiheit" (BVerfG) der Arbeit aufhebt.

Angesichts der Trennung von Kirche und Staat, der Eigenständigkeit des kirchlichen Rechts und der auf seiner Organisationsgrundlage durchgeführten sozialen Aktivitäten (vgl. oben I, 1, 2) *gilt all dies in besonderem Maße für die*

---

[74] Grundlegend: BVerfGE 22, S. 180 (200 f.).

[75] So in ungewöhnlicher Schärfe BVerfG, aaO., S. 203.

[76] aaO., S. 204.

kirchlichen Träger. Was bei anderen privaten Trägern vielleicht noch, aus einem allgemeinen sozialen Gewährlei-
stungsauftrag des Staates heraus, hingenommen werden
dürfte, kann hier nicht akzeptiert werden, denn es müßte zu
Eingriffen in einen „ganz anderen Bereich" führen, bei dem
aber jede staatliche „Regelung" auszuscheiden hat. Vor allem ist jedoch zu bedenken: Ein staatlicher Sozialgewährlei-
stungsanspruch könnte allenfalls eine Kontrolle darüber
beinhalten, daß und inwieweit diese Aufgaben erfüllt worden
sind, nicht aber hinsichtlich der Wirtschaftlichkeit, bei der
eben der Staat der „anderen öffentlichen Gewalt Kirche"
vertrauen muß, wenn er ihre Partnerschaft wünscht.

b) Die Gleich- und Nebenordnung von kirchlichen und
staatlichen Aktivitäten und Verantwortlichkeiten im Wohl-
fahrtsbereich ist aber schon deshalb, aus den Grundprinzipien des Staatskirchenrechts heraus, in jeder Richtung vom
Staat zu achten, weil *Karitas Religionsausübung* ist (vgl.
oben B, II, 1), die kirchlichen Träger also alle ihre Aktivitäten
*nicht aus staatlicher, sondern aus rein kirchlicher Zielset-
zung heraus entfalten.* Alle diese Ziele, welche sie, bei der
Beratung etwa, setzen, entziehen sich völlig und endgültig
jeder staatlichen Beurteilung; hier gibt es auch nicht, wie
etwa (sonstigen) Privaten gegenüber, eine private Freiheit,
welche der Staat achten, aber im öffentlichen Interesse
beschränken dürfte. *Religionsausübung darf er als solche
überhaupt nicht beschränken,* wie sich ja schon aus der
Vorbehaltlosigkeit der Grundrechtsgarantie des Art. 4 GG
ergibt. Nur im Rahmen der Verhältnismäßigkeitsabwägung
mit gleich oder höherrangigen Verfassungswerten können
sich gewisse äußerste Schranken ergeben[77]. Die „Sicherung
staatlicher Finanzen" — bei insgesamt verhältnismäßig we-
nig bedeutsamen Summen — ist aber mit Sicherheit kein
Rechtsgut, das einen solchen Eingriff rechtfertigt, wie es
Belastungen durch eine Rechnungshofkontrolle sind, vor

---

[77] BVerfGE 32, S. 98 ff.; 44, S. 37 (50).

allem dann nicht, wenn es auch andere Kontrollmöglichkeiten, insbesondere innerkirchlicher Art, gibt (vgl. im folgenden D).

Wird also die Eigenständigkeit der Kirche im Sozialbereich ernst genommen, welche darin ja keinerlei generellem sozialen Regelungsvorbehalt zu Gunsten der Staatsgewalt unterworfen ist, so kann sich eine staatliche Rechnungskontrolle auch dann grundsätzlich hier nicht rechtfertigen, wenn sie „zur Sicherung staatlichen Vermögens" eingesetzt wird; denn der Staat hat ja gerade eigenständigen Kirchen seine Mittel überlassen, *er darf ihnen, nach den Grundprinzipien des Staatskirchenrechts, ihre Eigenständigkeit, auch im Sozialbereich, selbst dann nicht durch Zuwendungen „abkaufen",* wenn sie sich selbst, in Verkennung ihrer Eigenständigkeit, dazu bereit finden sollten. Denn die Trennung von Kirche und Staat verbietet es dem letzteren, sich Einfluß auf die Kirchen durch Staatsmittel zu erkaufen; *im Interesse nicht nur* der Kirchen, sondern auch des religiös neutralen Staates darf es einen solchen Einfluß nicht geben.

Nach den allgemeinen Grundsätzen über das Verhältnis von Kirche und Staat erscheint daher eine staatliche Rechnungsprüfung über kirchliche Instanzen als generell unzulässig; jedenfalls bedürfte sie spezieller Rechtfertigung. Ob eine solche aufzufinden ist, soll nunmehr näher geprüft werden.

III. Der speziellere Verfassungsmaßstab: das Selbstbestimmungsrecht der Kirchen

1. Selbstbestimmungsrecht nach Selbstverständnis der Kirchen

a) Nach Art. 137 Abs. 3 WRV, 140 GG „verwalten die Kirchen ihre Angelegenheiten selbständig innerhalb der Schranken der für alle geltenden Gesetze[78]. Was *„eigene*

Angelegenheiten" sind, ist nach herrschender Lehre aus
dem Selbstverständnis der jeweiligen Religionsgemeinschaft abzuleiten. Dieses Selbstverwaltungsrecht steht
„nicht nur der organisierten Kirche und den rechtlich selb-
ständigen Teilen dieser Organisation, sondern allen der Kirche in bestimmter Weise zugeordneten Einrichtungen ohne
Rücksicht auf ihre Rechtsform" zu, hier also auch den einzelnen Trägern der kirchlichen Beratungsstellen, soweit sie
rechtlich selbständig sind. Denn die Rechte aus Art. 137
Abs. 3 WRV, 140 GG schützen, ebenso wie das Grundrecht
des Art. 4 Abs. 2 GG, „auch andere selbständige oder unselb-
ständige Vereinigungen, wenn und soweit ihr Zweck die
Pflege oder Förderung eines religiösen Bekenntnisses oder
die Verkündung des Glaubens ihrer Mitglieder ist"[79] (vgl.
oben B, II, 1).

Dieses Selbstverständnis der kirchlichen Träger ist nicht
nur einzubeziehen, zu berücksichtigen bei der Bestimmung
des Selbstbestimmungsrechts[80], es ist dafür schlechthin entscheidend[81], davon geht das GG aus[82]. Dies bedeutet: *Innere
Angelegenheiten nach kirchlicher Entscheidung, Recht der
Kirche zur Definition*[83] *ihres eigenen Freiheitsraumes (besser: ihrer Eigenständigkeit)*[84].

---

[78] Dazu m. Nachw. *Frank, J.,* Handb. des Staatskirchenrechts der Bundesrepublik Deutschland, I, 1975, S. 675 ff.; *Hesse, K.,* EvStL, 3. Aufl. 1987,
Sp. 1568.

[79] BVerfGE 46, S. 73 (85 f.)

[80] Wie früher eine nur langsam vom Etatismus sich befreiende Rechts-
lehre annehmen mochte, vgl. etwa *Hesse, K.,* ZevKR 6 (1957/8), S. 178 f.;
Grundmann, S., JZ 1966, S. 81 (84).

[81] Dies ist heute anerkannt, vgl. f. viele *von Campenhausen, A.,* Staatskirchenrecht, 2. Aufl. 1983, S. 81; *Rinken, A.,* Handbuch des Staatskirchenrechts, II, 1975, S. 345 (363); *Mikat, P.,* Handbuch des Verfassungsrechts
(FN 52), S. 1082; *Voll, O.,* Handbuch des Bayerischen Staatskirchenrechts,
1985, S. 50 (53).

[82] BVerfGE 53, S. 366 (402/3).

[83] Vgl. zu dieser Problematik allg. *Isensee, J.,* Wer definiert die Frei-
heitsrechte?, 1980, insbes. S. 60 ff.

[84] Im Sinne des Textes u. a. *Britz, G.,* Archiv für Katholisches Kirchen-

Nicht im Widerspruch dazu steht es, wenn nach dem BVerfG bei der zur Bestimmung der Schranken der „allgemeinen Gesetze" (Art. 137 Abs. 3 WRV, 140 GG) vorzunehmenden Güterabwägung (dazu im folgenden IV) dem Selbstverständnis der Kirchen (nur) ein „besonderes Gewicht" zuerkannt wird[85]: Hier geht es *nicht um die Bestimmung des Eigenständigkeitsraums, sondern um dessen Beschränkung von außen.*

Der heute von der Kirche erhobene, vom Staat voll geachtete „*Öffentlichkeitsanspruch*" weist auf ein *weites Verständnis* dieser „eigenen Angelegenheiten" hin. Die kirchliche Selbstbestimmung umfaßt hier eben nicht nur die Festlegung von Großbereichen, sondern sie erfolgt auch aus dem Selbstverständnis zu Einzel-, ja Detailfragen — all dies unabhängig von der erst *nach* der Bestimmung der „eigenen Angelegenheiten" vorzunehmenden Eingrenzung derselben durch den Staat „von außen" (dazu im folgenden IV).

b) Die staatliche Rechnungsprüfung beeinträchtigt die kirchlichen Träger nach deren Rüge (vgl. oben A, II) vor allem in dreifacher Hinsicht:

— Hinsichtlich der *Wirtschaftlichkeitsvorstellungen* der kirchlichen Träger, und zwar sowohl der Bestimmung der Ziele der Beratungstätigkeit als auch des Verhältnisses der zur Erreichung dieser Ziele aufgewendeten Mittel ganz allgemein, im besonderen aber

— in ihrer *Organisationshoheit,* so etwa in der lokalen Gestaltung der Beratungsstätten, und

— in der *Personalhoheit,* vor allem hinsichtlich der Qualifikation des von den Trägern eingesetzten Personals.

---

recht, 1980, S. 87 (95); *von Campenhausen,* aaO., S. 81; *ders. / Christoph,* DVBl 1985, S. 266 (268); *Hesse,* K., Handbuch des Staatskirchenrechts, Bd. I, 1975, S. 428; *Voll,* aaO.

[85] BVerfGE 53, S. 366 (401).

Kirchliche Träger bringen für diese Bereiche Vorstellungen zum Ausdruck, welche unter Umständen von denen der staatlichen Rechnungsprüfung abweichen. Sie werden aber darin in der Regel von ihren Kirchen in vollem Umfang unterstützt. Damit haben die kirchlichen Träger von ihrem Selbstbestimmungsrecht im Sinne des Art. 137 Abs. 3 WRV, 140 GG Gebrauch gemacht[86]. Allein schon wenn sie dies gegenüber der staatlichen Rechnungsprüfung geltend machen können, fallen insoweit deren wesentliche Kontrollgegenstände in den Schutzbereich des kirchlichen Selbstbestimmungsrechts nach WRV und GG. Kritische Feststellungen der staatlichen Rechnungsprüfer sind also, kirchlichen Trägern gegenüber, rechtswidrig, soweit diese nicht, nach allgemeinen Rechtsgrundsätzen, in offensichtlich rechtswidriger Weise ihr Selbstbestimmungsrecht in Anspruch genommen haben. Dafür aber ergibt sich jedenfalls dann kein Anhaltspunkt, wenn die kirchlichen Träger sich auf eine Diskussion mit der staatlichen Rechnungsprüfung einlassen und dabei plausible Argumente vorbringen. Mehr brauchen sie im Rahmen der Selbstdefinition ihres Selbstbestimmungsrechts nicht zu leisten. Der verfassungsrechtlich garantierte Schutzbereich der kirchlichen Träger ist daher durch die staatliche Rechnungsprüfung verletzt, wenn diese trotzdem prüfen will.

2. Selbstbestimmungsrecht nach der „Natur der Sache"?

Der Schutzbereich des kirchlichen Selbstbestimmungsrechts — welches nicht nur für Fragen von grundsätzlicher

---

[86] „Besonderer Auftrag zur öffentlichen Wirksamkeit", BVerfGE 18, S. 385 (387); die Kirchen „beanspruchen die Unabhängigkeit bei der Erfüllung ihres geistlich-religiösen Auftrags, der nach ihrem Verständnis nicht nur das Jenseits betrifft, sondern auch ein Auftrag in dieser Welt ist", BVerfGE 42, S. 312 (331). Zum Öffentlichkeitsauftrag siehe *von Campenhausen*, aaO., S. 15 (79); *Hesse*, K., EvStL, 3. Aufl. 1987, Sp. 1570; *Britz*, aaO., S. 92 (110).

Bedeutung, sondern auch für laufende Angelegenheiten gilt[87] — soll, nach einer vor allem früher, aber auch noch in neuerer Zeit vertretenen Auffassung, nach der *„Natur der Sache"* bestimmt werden[88]. Auch in der Judikatur findet sich diese Formel mehrfach[89]. Gemeint ist damit eine Definition oder doch Umschreibung des Schutzbereichs nach objektiven Kriterien. Daran ist berechtigte Kritik geübt worden[90]: Wenn hier der *kirchliche Grundauftrag* entscheiden soll[91], die „Ziele und Zwecke der Religionsgemeinschaft"[92], wenn wesentlich ist, „was die Tätigkeit der Kirche als soziales Gebilde erfordert"[93], so muß eine Instanz doch definitiv entscheiden können, was nach diesen Begriffen unter das Selbstbestimmungsrecht fällt. Sind dies staatliche Gerichts- oder Verwaltungsinstanzen, die dabei nicht vom Selbstverständnis der Kirchen ausgehen müssen, so verstößt das eindeutig gegen die Trennung von Kirche und Staat (vl. oben I, 1), der Staat würde kirchlich-religiöse Entscheidungen treffen.

Will man den Staat nicht, ohne jede eigene Überprüfungsmöglichkeit, an das kirchliche Selbstverständnis binden — so kann man seinen Belangen nur in der Weise entgegenkommen, daß man ihm eine letzte Mißbrauchskontrolle zubilligt, wie bereits oben 1 am Ende angedeutet. Diese kann dann allenfalls das Selbstbestimmungsrecht der Kirchen in der Weise eingrenzen, daß nicht nur von ad hoc-Erklärungen

---

[87] *Fischer / Härdle* (FN 28), S. 189.

[88] *Meier,* G., DVBl 1967, S. 706; *Mikat,* P. (FN 34), S. 194; *Beulke,* ZevKR 6 (1957/8), S. 127 (147); *Böhlig* (FN 50), S. 196; *Geller / Kleinrahm / Fleck* (FN 45), aaO.; *Britz* (FN 84), S. 92 f., m. weit. Nachw.

[89] BVerfGE 18, S. 385 (387); BVerfG NJW 1980, S. 1041; BFH NJW 1969, S. 2031; OVG Münster, NJW 1978, S. 905 (907).

[90] *Hesse,* K., Handb. des Staatskirchenrechts, Bd. I, 1975, S. 409 (417 f.); *Voll* (FN 81), S. 50 ff., beide m. weit. Nachw.

[91] BVerfGE 57, S. 220 (243).

[92] *Beulke* (FN 88), S. 148, unter Hinw. auf *Löhr.*

[93] *Scheffler* (FN 60), S. 235.

des kirchlichen Selbstverständnisses ausgegangen wird, sondern von dem, was sich im Staat-Kirche-Verhältnis *generell als Selbstbestimmungsbereich* herausgebildet hat, und was als solcher auch von den Kirchen allgemein akzeptiert worden ist.

Daran sollen nun die Gegenstände der staatlichen Rechnungsprüfung bei kirchlichen Trägern gemessen werden.

3. Das Selbstbestimmungsrecht — Schutz eigenständiger Organisations- und Personalhoheit

a) Die allgemeinen Umschreibungen
des Selbstbestimmungsbereichs

Das Selbstbestimmungsrecht, wie es bisher verstanden und von den Kirchen in Anspruch genommen worden ist, schützt vor allem die staatsunabhängige Durchführung kirchlichen Rechts[94], aber nicht nur sie. Im Schrifttum sind hier Materienkataloge der kirchlichen Entscheidungszuständigkeit entwickelt und tradiert worden[95], welche den „staatlichen Materien" gegenübergestellt werden[96]. Während von diesen letzteren — Erwerb der Rechtsfähigkeit der Kirchen und ihrer Unterverbände nach staatlichem Recht; staatliches Kirchensteuer- und Kirchenaustrittsrecht; staatliches Sonn- und Feiertagsrecht; staatliches Eherecht und Recht der religiösen Kindererziehung; öffentliches Schulrecht — keine in die Prüfungsbereiche der staatlichen Rechnungskontrolle

---

[94] *Jurina*, J., Der Rechtsstatus der Kirchen und Religionsgemeinschaften im Bereich ihrer eigenen Angelegenheiten, 1972, S. 137.

[95] *Hesse* (FN 60), S. 69, unter Hinw. insbes. auf *Ebers; Schlief*, K.-E., Die Entwicklung des Verhältnisses Staat und Kirche und seine Ausgestaltung im BGG, Diss. Münster 1961, S. 225; *Geller / Kleinrahm / Fleck* (FN 45), aaO., die von dem „geschichtlich gewachsenen kircheneigenen Aufgabenbereich" sprechen.

[96] So *Beulke* (FN 88), S. 148.

fällt, um die es hier geht, ist nun zu untersuchen, ob diese nicht zu den traditionellen kircheneigenen Aufgabenbereichen gehören. Dabei ist jedoch zu beachten, daß letztere heute nicht mehr nur im Sinne der liturgisch-religiösen kirchlichen Aktivitäten verstanden, sondern stets unter Berücksichtigung des gegenwärtigen Verständnisses von „Karitas als Religionsausübung" bestimmt werden müssen.

Für die Bereiche Organisation und Personalwesen ergibt sich nun:

b) Das kirchliche Organisationsrecht

Organisationsentscheidungen, welche die „religiöse Dimension" des Wirkens im Sinne des kirchlichen Selbstverständnisses sicherstellen sollen[97], gehören zu jener „Ordnung und Verwaltung", die in ihrer Selbständigkeit verfassungskräftig garantiert ist. Das BVerfG erwähnt in diesem Zusammenhang ausdrücklich das „Hausrecht der Anstalten" und spricht von der „zur Wahrnehmung dieser Aufgaben unerläßlichen Freiheit der Bestimmung der Organisation"[98]. Der traditionelle Katalog von Ebers[99] erfaßt dies unter dem Begriff „Verfassung und Organisation der Kirchen".

Dieser Begriff der Organisationsfreiheit darf nicht eng verstanden werden, wie das *Stiftungsrecht* belegt. Kirchliche Stiftungen werden heute zu dem vom kirchlichen Selbstbestimmungsrecht umfaßten Bereich gerechnet. Deshalb ist dort nun allgemein eine kirchliche Stiftungsaufsicht vorgesehen, welche an die Stelle der staatlichen Stiftungsaufsicht tritt[100]. Die Stiftungsaufsicht wird vor allem über alle organi-

---

[97] BVerfGE 57, S. 220 (243), unter Hinw. auf E 24, S. 236 (249); 53, S. 366 (399).

[98] aaO., S. 243/244.

[99] Vgl. FN 95.

[100] Vgl. dazu BayVerfGH BayVBl 1985, S. 332 (335); siehe dazu *Marx, S.,* Handbuch des Staatskirchenrechts, II, 1975, S. 117 (127 f.); *Meyer, Chr.,* ebenda, S. 91 (105 ff.).

satorischen Entscheidungen der Stiftung geführt; dies kann also nur Ausdruck des Grundsatzes sein, daß in diese durch eine wie immer geartete staatliche Überwachung nicht eingegriffen werden darf.

Eine solche Einmischung, ja geradezu einen belastenden Eingriff, stellt jedoch auch die staatliche Rechnungsprüfung dar. Wenn sie etwa beanstandet, daß Beratungsstellen in einem gewissen örtlichen Verhältnis zueinander geführt werden, so mischt sie sich damit in schwerwiegender Weise in die Organisation kirchlicher Träger ein, welche unter Umständen gerade aus spezifisch religiösen Gründen eine bestimmte Organisationsstruktur für angebracht halten.

Dem kann nun nicht *mit dem Einwand begegnet werden, wenn die Kirchen sich den staatlichen Vergabebedingungen nicht unterwerfen wollten, so sollten sie eben Zuwendungen nicht beantragen;* dieses Argument ist ganz allgemein zur Rechtfertigung der staatlichen Rechnungsprüfung, wie zur Legitimation von Vergabekonditionen, unbehilflich, welche das kirchliche Selbstbestimmungsrecht beeinträchtigen: Im Rahmen der staatskirchenrechtlichen Partnerschaft hat der weltanschaulich neutrale Staat — wenn er schon die kirchliche Tätigkeit wünscht, was offensichtlich der Fall ist — *jedenfalls den kirchlichen Trägern ein Vertrauen entgegenzubringen,* welches Regelungen vermeidet, die die Kirchen nur unter Aufgabe ihres Selbstbestimmungsrechts akzeptieren könnten. Der Staat darf dem Bürger gegenüber Grundrechte auf positive Leistungen[101] nicht dadurch unterlaufen, daß er diese Leistungen an das Akzeptieren beliebig weitgehender, den grundrechtlichen Freiheitsraum übermäßig einschränkender Bedingungen bindet. Ebensowenig kann es ihm gestattet sein, eine Zuwendung im Sozialbereich nur unter Umständen zu gewähren, die notwendig zu einer Einschränkung oder gar Aufgabe der Organisationshoheit

---

[101] BVerfGE 45, S. 397 ff.

oder anderer Rechtspositionen führen müssen, welche aber zum Schutzbereich des kirchlichen Selbstbestimmungsrechts gehören. Jedenfalls darf der Staat eine eigene Rechnungsprüfungsaufsicht darüber ebensowenig vorsehen, wie er eine Staatsaufsicht über kirchliche Stiftungen führen dürfte.

Diese *Grundsätze* — die auch für die im folgenden c und 3 zu behandelnden Bereiche gelten — müssen deshalb *besonders ernst genommen werden*, weil der Staat anderenfalls zu einer beliebig tief in den Organisationsbereich der kirchlichen Träger eingreifenden „Überregelung" durch Vergabebedingungen übergehen und deren Einhaltung auch noch durch einen restriktiv prüfenden Rechnungshof sicherstellen lassen könnte.

Vergabebedingungen, welche die Organisationshoheit nicht nur am Rande, sondern bei zentralen Entscheidungen einschränken, verstoßen also jedenfalls gegen das Selbstbestimmungsrecht der Kirchen, eine Rechnungsprüfung, welche diese Organisationshoheit einschränkt, ist rechtswidrig.

*c) Das personale Selbstbestimmungsrecht
der kirchlichen Träger*

Die Personalhoheit der Kirchen und ihrer Träger wird vor allem dann berührt, wenn der Rechnungshof die Qualifikation der von der Kirche eingesetzten Beschäftigten kritisch untersucht und zum Teil beanstandet. Dabei kann er sich in der Regel nicht auf spezielle Vergabebedingungen stützen, sucht vielmehr eine Gleichschaltung der Ausübung der kirchlichen wie der staatlichen Personalgewalt zu erzwingen; es handelt sich daher um eine unmittelbare Auswirkung der staatlichen Rechnungsprüfung auf die kirchliche Personalhoheit als solche.

aa) Art. 137 Abs. 3 WRV in Verbindung mit Art. 140 GG normiert ausdrücklich das kirchliche Eigenverwaltungsrecht im Personalbereich: „Jede Religionsgemeinschaft... verleiht ihre Ämter ohne Mitwirkung des Staates." Dieses Selbstbestimmungsrecht umfaßt zunächst die „Personalhoheit" der Kirchen, im Sinne der Personalauswahl, einschließlich der Entfernung einer Person aus dem Kirchendienst[102]. Darauf beschränkt sich aber die Selbstbestimmung nicht. „In den Bereich der inneren kirchlichen Angelegenheiten gehört das kirchliche Amtsrecht sowie die Ämterhoheit"[103]. Die Kirchen haben auch die „strukturellen Vorgaben" für die Ausübung ihrer Personalhoheit zu schaffen[104]; dazu aber gehört auch das kirchliche Dienstrecht[105]. „Die Grundsätze des Selbstbestimmungsrechts und der Ämterautonomie, die in Art. 140 GG in Verbindung mit Art. 137 Abs. 3 WRV ausdrücklich anerkannt werden, beinhalten nicht nur, daß die kirchlichen Ämter ohne staatliche Mitwirkung verliehen und entzogen werden dürfen (BVerwGE 25, S. 226 (230)), sondern auch, daß die Kirchen und Religionsgemeinschaften frei bestimmen dürfen, welche Anforderungen an die Amtsinhaber zu stellen sind, und welche Rechte und Pflichten diese im einzelnen haben (Zitate zum Schrifttum). Das Selbstbestimmungsrecht enthält im Bereich des kirchlichen Dienstrechts sowohl eine allgemeine Regelungskompetenz als auch die Freiheit zum Organisationsakt und zur Personalentscheidung im Grenzfall"[106]. „Maßnahmen, die den amts- und

---

[102] BVerfGE 57, S. 220 (243); vgl. auch E 24, S. 236 (249); 53, S. 366 (399); ebenso BVerwGE 66, S. 241 (243).

[103] BVerfG NJW 1980, S. 2041, unter Hinw. auf BVerfGE 18, S. 385 (386 f.), sowie BVerwGE 28, S. 345 (349); 25, S. 226 (229 f.); OVG Münster, NJW 1978, S. 2111; siehe auch BVerwG DVBl 1981, S. 491 (492); BGHZ 34, S. 372 (374).

[104] BVerfGE 57, S. 220 (243) und öfter.

[105] In diesem Sinn versteht die eben erwähnte Aussage des BVerfG das BVerwG in E 66, S. 241 (243).

[106] BVerwGE 66, S. 241 (243).

dienstrechtlichen Status eines Geistlichen betreffen, sind ausschließlich Sache der Kirche. Der staatliche Zuständigkeitsbereich wird insoweit nicht berührt"[107]. Obwohl es sich dabei um Pfarrerfälle handelte, könnte man daraus sogar folgern: Das BVerwG hat die frühere vorsichtige Beschränkung („das kirchliche Amtsrecht einschließlich zumindest des Dienstrechts der Geistlichen")[108] fallen lassen: Das *kirchliche Dienstrecht als solches* ist innere Angelegenheit der Kirche, staatlicher Einwirkung entzogen. Ähnlich hat schon früh das BSG entschieden[109].

bb) Dies bezieht sich zunächst auf jenes kirchliche Amts- und Dienstrecht[110], welches das BVerfG parallel zu dem entsprechenden staatlichen (Beamten-)Recht sieht[111]. Soweit also etwa in den Beratungsstellen kirchliche Amtsträger auftreten (Pfarrer, Geistliche), ist dem Rechnungshof von vornherein jede Qualifikationsbeurteilung verwehrt. Dasselbe muß aber sinngemäß auch dort gelten, wo die Kirche gewisse Personen mit Beratungs- und zugleich pastoralen Aufgaben betraut, wenn sie diese, wozu sie im Namen ihrer Organisationshoheit berechtigt ist, zu einer dienstrechtlichen Einheit zusammenfaßt: Auch hier käme es anderenfalls wieder zu einer unzulässigen staatlichen Qualifikationsfeststellung für kirchlichen Dienst im engeren Sinne.

cc) Das BVerfG hat darüber hinaus den Kirchen selbst dort eine besondere, durch ihre Eigenständigkeit begründete, Stellung zuerkannt, welche staatliche Regelungsmöglichkeit ausschließt oder in Grenzen hält, wo es um dienstrechtliche Beziehungen im Sinne des staatlichen Arbeitsrechts geht, und zwar auch um solche, die mit einer — wie immer

---

[107] BVerwG DVBl 1981, S. 491 (492).

[108] So noch BVerwGE 28, S. 345 (349).

[109] BSG ZevKR 17 (1972), S. 420 (422).

[110] Eine Trennung der beiden Bereiche ist hier ebensowenig möglich wie nach staatlichem Beamtenrecht.

[111] BVerfGE 55, S. 207 (230).

verstandenen — „Amtsausübung" nichts zu tun haben. So wurde die besondere Prägung des *Mitbestimmungsrechts* im kirchlichen Bereich anerkannt[112], ebenso gilt dies für den *Kündigungsschutz*, und zwar gerade auch in Fällen der Diakonie[113].

Dies zeigt, daß *in allen dienstrechtlichen Beziehungen mit kirchlichen Trägern* deren religiös begründetes Selbstbestimmungsrecht seine Wirkung entfaltet. Das muß dann aber insbesondere in dem vom BVerwG[114] für das kirchliche Dienstrecht besonders betonten Sinn gelten, daß „die Kirchen ... frei bestimmen dürfen, welche Anforderungen an die Amtsinhaber zu stellen sind".

Die Qualifikationsfrage dürfte also an sich schon eine solche des kirchlichen Dienstrechts im eigentlichen Sinn sein (vgl. oben aa, bb), unabhängig von dem arbeitsrechtlich oder kirchenbeamtlich geregelten Beschäftigungsverhältnis der betreffenden Person. Doch auch dort, wo es um arbeitsrechtlich geregelte Hilfs- und Ausführungstätigkeit geht, schlägt das Selbstbestimmungsrecht der Kirchen doch noch soweit durch, daß es dem Staat weder gestattet ist, hier einen bestimmten Qualifikationsstatus durch Vergabebestimmungen zu erzwingen, noch, vor allem, dies durch seine Rechnungsprüfung, über den Wortlaut solcher Bestimmungen hinaus, durchzusetzen.

Daß es hier äußerste Grenzen des Personalselbstbestimmungsrechts der Kirchen gibt, liegt auf der Hand; sie lassen sich aber mit hinreichender Genauigkeit bestimmen. Der Staat darf etwa eingreifen, wenn höchste Verfassungswerte in schwerer Gefahr sind, wenn also in kirchlichen Einrichtungen ärztliche Dienstleistungen von nicht entsprechend ausgebildeten Personen (Ärzten) erbracht werden. Dies kann

---

[112] BVerfGE 46, S. 73 (95).
[113] Siehe etwa BAG KirchE 21, S. 162 (164).
[114] BVerwGE 66, S. 241 (243).

jedoch nicht auf die allgemeinen und auch nicht auf die spezielleren soziologischen oder psychologischen Qualifikationen übertragen werden; denn der Staat hat hier eben gerade nicht strenge Qualifikationserfordernisse zum Schutz der Volksgesundheit aufgestellt; seine Personalbeurteilungen und Einstufungsvoraussetzungen im übrigen müssen die Kirchen aber nicht übernehmen.

4. Das vermögensrechtliche Selbstbestimmungsrecht der Kirchen — Achtung der „kirchlichen Wirtschaftlichkeitsvorstellungen"

a) Die Rechnungsprüfung — allgemein an vorgegebene Zwecke gebunden

Aufgabe der staatlichen Rechnungsprüfung ist die Kontrolle der *Wirtschaftlichkeit* in der Verwendung der Staatsmittel. Dieser bedenklich weite Maßstab[115] bedarf schon im staatlichen Bereich, noch mehr bei Zuwendungen an Private, der konkretisierend-einengenden Bestimmung. Hier darf nicht ein unbestimmter, „offener" Maßstab angelegt oder gar nach Ermessen entschieden werden[116]. Die staatliche Rechnungsprüfung muß also in vollem Umfang die Zweckvorgaben der staatlichen Instanzen und, erst recht, der Privaten achten[117]. Ihre Aufgabe ist es lediglich sicherzustellen, daß die zugewendeten Mittel optimal zur Erreichung dieser Ziele eingesetzt werden, welche letztere als solche nicht von der Rechnungsprüfung verändert oder in Frage gestellt werden dürfen. Im staatlichen Bereich hat allerdings der Rechnungshof die Ziele, welche sich die Verwaltung setzt, an höherrangigen staatlichen, insbesondere normativ gesetzten Zielen zu messen und bei Abweichung zu beanstanden. Verwal-

---

[115] Zu dieser Problematik vgl. *Leisner* (FN 6), S. 71 ff.
[116] aaO., S. 81.
[117] aaO., S. 83 ff.

tungsvorschriften etwa, wie sie die Vergabebedingungen darstellen, dürfen nicht gegen gesetzliche oder gar verfassungsrechtliche Entscheidungen verstoßen.

b) Die besondere „kirchliche Wirtschaftlichkeit"

Auf die Kirchen und die kirchlichen Träger angewendet, bedeutet dies: Die Zielsetzungen der gesamten karitativen Tätigkeit sind von kirchlichen Instanzen zu bestimmen und von der staatlichen Rechnungsprüfung in vollem Umfang hinzunehmen. Dies gilt sowohl für allgemeine Zwecke (Verhinderung des Schwangerschaftsabbruchs) wie hinsichtlich konkreter Zielvorstellungen instrumentaler Art zur Erreichung jenes übergeordneten Zwecks, etwa der Einhaltung eines bestimmten Beratungsverfahrens. Diese letzteren „instrumentalen Ziele" werden häufig durch besondere Organisations- oder Personalentscheidungen (implizit) bestimmt sein, so daß sich dann eine Überschneidung mit den vorstehend (unter 2) behandelten Bereichen des kirchlichen Selbstbestimmungsrechts ergibt.

Ein grundsätzlich davon zu unterscheidender Bereich der kirchlichen Selbstbestimmung liegt aber, jenseits dieser instrumentalen Problematik, darin: *Die kirchlichen Träger dürfen ihre eigenen Ziele setzen, diese sind der staatlichen Rechnungsprüfung jeweils vorgegeben.* In keiner Weise darf diese „staatliche Zwecke anstelle kirchlicher Zwecke" als Wirtschaftlichkeitsmaßstäbe ihrer Prüfung einsetzen.

Dabei ist aber, gerade im Bereich der Karitas, folgendes zu berücksichtigen: Es liegt im Wesen dieser Tätigkeit, daß *die Ziele hier nur sehr allgemein bestimmt sind*, daß häufig die Besonderheiten des Einzelfalles entscheiden, was überhaupt als Zweck verfolgt werden kann. Der Wirtschaftlichkeitsprüfung, im Sinne der Bestimmung optimaler Zweck-Mittel-Relation, ist damit ein weiter Raum eröffnet, weil eben doch oft „die vorhandenen Mittel auch wiederum die Zwecke bestimmen". Dieses gesamte, komplexe Zweck-Mittel-Verhältnis muß insoweit als Einheit gesehen und — das ist hier nun entscheidend — es muß als solches in der Entscheidungsbefugnis der dem Staat gegenüber „ganz anderen" Gewalt belassen werden: der kirchlichen Instanzen.

Mit anderen Worten: Nicht die Rechnungshöfe dürfen ihre (staatlichen) Wirtschaftlichkeitsmaßstäbe anlegen, die Wirtschaftlichkeitsmaßstäbe als solche sind vielmehr kirchlich zu bestimmen, sie können nur von den Kirchen angelegt und überprüft werden, nur sie vermögen daher ein Urteil über die gesamte Wirtschaftlichkeitsrelation abzugeben. Ein Beispiel: Den kirchlichen Trägern muß es gestattet sein, in einem bestimmten Einzelfall einen „Beratungsaufwand" zu treiben, der nach staatlichen, etwa von Gleichheitsvorstellungen geprägten staatlichen Verhältnismäßigkeitswertungen unvertretbar erschiene — während aus kirchlicher Sicht gerade hier etwa menschliches Leben „um jeden Preis" zu sichern, der Bestand einer bestimmten Familie unter größten Anstrengungen zu retten ist.

Es gibt also etwas wie eine *„besondere kirchliche Wirtschaftlichkeit"*, welche die kirchlichen Träger in eigener Verantwortung bestimmen, deren Einhaltung nur sie sachgerecht überprüfen können. Wollte sich hier der Staat mit seiner Rechnungsprüfung einmischen, so würde er auf diese Weise in einen Kernbereich kirchlich-karitativer Tätigkeit eindringen, im Namen einer „Wirtschaftlichkeit", die es so allgemein eben nicht gibt, die der Staat keinesfalls für sich monopolisieren darf.

Allenfalls könnte also ein *„rein technisches Recht zur Belegkontrolle"* übrig bleiben, bei der kirchliche Besonderheiten nicht ins Gewicht fielen. Doch abgesehen davon, daß es in den hier relevanten Fällen darum nicht geht — durch übermäßige Formalisierungspflichten könnte dadurch auch noch eine Flexibilität behindert werden, welche zum Wesen kirchlich-karitativer Tätigkeit gehört, gerade im Gegensatz zum Staat, der, anders als die Kirchen[118], an die strenge Rechtsstaatlichkeit gebunden ist.

Weil also der Staat seine Wirtschaftlichkeitsvorstellungen nicht an die Stelle der kirchlichen Wirtschaftlichkeitskonzeptionen setzen darf[119] — deshalb allein schon ist für eine staatliche Rechnungsprüfung im Bereich kirchlicher Karitas kein Raum, oder allenfalls nur noch zu einer rein formalen Belegkontrolle, die auch hier im Zweifel kirchliche Bewertungen genügen lassen muß. *Jede andere Auffassung, welche die Kirchen staatlichen Wirtschaftlichkeitsvorstellungen unterwirft, verletzt sie in ihrem Recht auf eigenständige „Ordnung und Verwaltung ihrer Angelegenheiten" (Art. 137 Abs. 3 WRV, 140 GG) — denn was sollen sie denn „ordnen", wenn sie die dafür aufzuwendenden Mittel nach fremdbestimmten Wirtschaftlichkeitsgrundsätzen einsetzen müssen?*

Diese Grundsätze gelten für staatliche *Zuwendungen,* welche der Staat eben „in das kirchliche Vermögen hinein entlassen", welche er den Kirchen und deren Wirtschaftlichkeitsvorstellungen anvertraut hat. Sie gelten aber erst recht für die Wirtschaftsführung der Kirchen im übrigen. Eine *Überprüfung etwa eines kirchlichen Haushalts* darauf, ob er nach staatlichen Wirtschaftlichkeitsvorstellungen geführt wird, und ob daher überhaupt im Bereich kirchlicher Träger ein wirtschaftliches Bedürfnis für staatliche Zuwendungen besteht, das nicht auch kirchlicherseits erfüllt werden könnte (vgl. § 91 Abs. 2 HO), *ist eindeutig verfassungswidrig* wegen Verstoßes gegen Art. 137 Abs. 3 WRV, 140 GG.

---

[118] Vgl. BFH NJW 1969, S. 2031 (2032).

[119] Noch klarer ist dies dann, wenn man etwa die Wirtschaftlichkeitskontrolle geradezu in eine Ermessensentscheidung münden läßt, vgl. *Leisner* (FN 6), S. 81 f. m. Nachw.: Dann müßte eben der Staat hier sein Ermessen an die Stelle des kirchlichen Ermessens setzen, was offensichtlich unzulässig ist.

c) Selbständigkeit der kirchlichen Vermögensverwaltung —
zentraler Bestandteil des kirchlichen Selbstverwaltungsrechts

Dieses Ergebnis, daß karitativ-kirchliche Tätigkeit sich allein unter kirchlichen Wirtschaftlichkeitsvorstellungen vollzieht, also von staatlichen Rechnungsprüfern nicht beurteilt werden kann, findet seine *staatskirchenrechtliche Bestätigung in dem Recht der Kirchen auf alleinige Verwaltung ihres Vermögens.*

Daß das kirchliche Selbstverwaltungsrecht nach *Art. 137 Abs. 3 WRV, Art. 140 GG* auch das alleinige Recht der Kirchen und ihrer Träger beinhaltet, *ihr eigenes Vermögen selbst zu verwalten, wird* heute von der ganz *herrschenden* Lehre anerkannt[120]. Mit Recht wird dies damit begründet, daß kein sozialer Verband wirkliche Eigenständigkeit besitzt, der nicht auch ausschließlich über die zu seinen Aktivitäten erforderlichen Mittel frei verfügen kann.

Früher sahen *Landesgesetze, vor allem in Preußen,* ein weitgehendes staatliches Aufsichtsrecht über die kirchliche Vermögensverwaltung vor[121]. Diese im wesentlichen aus der Kirchenkampfzeit stammenden Vorstellungen[122], die noch in der Weimarer Zeit herrschend waren[123], früher sich vor allem auf die Korrelatentheorie im Körperschaftsrecht stützten[124], waren Ausdruck der staatlichen Überheblichkeit, „in

---

[120]   Vgl. f. viele *Beulke* (FN 88), S. 148; *von Campenhausen* (FN 34), S. 83; *Hesse* (FN 60), S. 69; *Scheffler* (FN 60), S. 235; *Marré,* H., Gedächtnisschrift für Karl Peters, 1967, S. 309 (317); *Geller / Kleinrahm / Fleck* (FN 45), S. 143. Zur Rspr. siehe BFH NJW 1969, S. 2031 (2032); OVG Münster, NJW 1978, S. 905 (906).

[121]   Siehe etwa *Fischer / Härdle* (FN 28), S. 191; *Mörsdorf* (FN 49), S. 536/7; *Hesse,* K., JöR 10 (1961), S. 48; *Weber,* W., VVDStRL 11 (1954), S. 165.

[122]   *Hesse,* aaO.

[123]   *Böhlig* (FN 50), S. 197; OVG Münster, NJW 1978, S. 905 (906).

[124]   *Marx,* S., Handbuch des Staatskirchenrechts, II, 1975, S. 117 (127) m. Nachw.; *Scheuner* (FN 35), S. 21; *Peters,* H. VVDStRL 11 (1954), S. 177 (189).

der Meinung, die staatliche Bürokratie sei dazu berufen, die kirchlichen Stellen zu beaufsichtigen; zumindest sichere sie die Integrität der kirchlichen Vermögensverwaltung. Als ob die Vermögens- und Etatdispositionen der weltlichen öffentlich-rechtlichen Verbände so musterhaft seien"[125]!

Diese Worte von Hans Peters sind auch im vorliegenden Zusammenhang bedenkenswert. Das Prüfungsrecht staatlicher Instanzen bei Zuwendungen an kirchliche Träger mag heute nicht aus denselben geistigen Wurzeln erwachsen wie seinerzeit diese staatliche Kirchenaufsicht in vermögensrechtlichen Angelegenheiten. Die *staatliche Rechnungsprüfung über die kirchlichen Träger ist aber ersichtlich Ausdruck derselben Grundeinstellung* — die sich eben lange erhalten hat[126] —, *daß allein der Staat im kirchlichen Bereich für vermögensrechtliche Ordnung sorgen könne, während die Kirchen dazu nicht in der Lage seien.* Diese haben sich auch lange Zeit mit der allgemeinen Staatsaufsicht über ihre Vermögensverwaltung abgefunden, wenn auch unter Protest[127], und sind ja bisher allgemein bereit gewesen, sich auch der Rechnungsprüfung zu unterwerfen.

Nun dürfte es aber an der Zeit sein, daß auch der staatlichen Rechnungskontrolle gegenüber jener *staatskirchenrechtliche Bewußtseinswandel* einsetzt, welcher der staatlichen Vermögensverwaltungsaufsicht gegenüber bereits stattgefunden hat. Dort nämlich ist seit einiger Zeit anerkannt, daß es keinerlei Staatsaufsicht mehr geben darf[128]. Der Kirche steht die volle Dispositionsfreiheit über ihr „weltliches Gut" zu[129], „einschließlich der Vermögensbildung" (Er-

---

[125] *Peters*, aaO., S. 188.

[126] Vgl. noch zur Lage in den 50er Jahren *Lenz*, H., Die Kirche und das weltliche Recht, 1965, S. 264.

[127] Siehe *Lenz*, aaO.

[128] *Marx* (FN 100), S. 124; *Mörsdorf* (FN 49), S. 536/7; *Marré* (FN 34), S. 22; *Peters* (FN 124), S. 188.

[129] *Jurina* (FN 94), S. 137.

werb, Erhaltung, Verwendung)"[130]. *Die Kirchen und ihre Träger allein regeln auch die Vertretung in ihren vermögensrechtlichen Angelegenheiten*[131]. Die Kirchenverträge lassen nun eine allgemeine staatliche Aufsicht nicht mehr zu[132], der Staat kann lediglich — aufgrund einzelner Vertragsbestimmungen — verlangen, daß ein geordnetes kirchliches Vertretungsrecht in vermögensrechtlichen Angelegenheiten gewährleistet sei[133]. Das staatliche Recht darf also erst eingreifen, wenn auf diese Weise die kirchliche Aktivität in den staatlichen Bereich „hineinwirkt"[134].

Weit überwiegend werden denn auch die früheren preußischen Gesetze über die vermögensrechtliche staatliche Kirchenaufsicht als verfassungswidrig angesehen[135], mögen sie auch formal noch bestehen und von kirchlicher Seite hingenommen werden[136].

Das Fazit ist jedenfalls: Die Zeit staatlicher Verantwortung und Ingerenz in kirchliche Vermögensverwaltung ist vorüber, und dies muß grundsätzlich auch für die staatliche Rechnungsprüfung und die Verwendung von Kirchenvermögen gelten, zu dem eben auch die staatlichen Zuwendungen gehören; denn all dies kann nicht ausgeübt werden, ohne daß der Staat in religiöse Entscheidungen eingriffe, wie gerade die Anlaßfälle dieser Untersuchung zeigen.

---

[130] *Geller / Kleinrahm / Fleck* (FN 45), S. 143.

[131] Siehe f. viele *Marx* (FN 100), S. 129 ff.; *Mikat* (FN 34), S. 188/9.

[132] *Hesse* (FN 121), S. 48 f.

[133] *Marx* (FN 100), S. 124/5.

[134] Siehe *Marx*, aaO., S. 126, sowie näher unten IV. Zu solchen Regelungen im katholischen Bereich vgl. etwa *Puza*, R., Handbuch des Katholischen Kirchenrechts, hgg. von *Listl / Müller/ Schmitz*, 1983, S. 900 ff.

[135] Überblick bei *Fischer / Härdle* (FN 28), S. 191; vgl. in diesem Sinne insbes. *Mikat* (FN 34), S. 187/8; *Mörsdorf* (FN 49), S. 536; *Geller / Kleinrahm / Fleck* (FN 45), S. 144; *Hesse* (FN 121), S. 48/9; *Scheffler* (FN 60), S. 236; OVG Münster, NJW 1978, S. 905 (906); OLG Celle, ZevKR 5 (1956), S. 312/4; LG Dortmund, MDR 1962, S. 408/9; *Engelhardt*, H., JZ 1972, S. 740.

[136] *von Campenhausen* (FN 34), S. 84.

Dem steht nicht entgegen, daß es sich hier um (freiwillige), nicht zurückzahlbare Zuwendungen des Staates handelt: Dem Staat ist bei der Hingabe bewußt, daß er hier Leistungen für Aktivitäten der Religionsausübung kirchlicher Träger erbringt. Er darf dies daher nicht mit Vergabebedingungen verbinden, und diese sodann durch den Rechnungshof kontrollieren lassen, welche in die religiös-karitativen vermögensrechtlichen Entscheidungen der kirchlichen Träger eingreifen. *Der Staat kann nicht über moderne Formen eines „Wer zahlt, schafft an" sich die inzwischen verlorene Aufsicht über das Kirchenvermögen zurückkaufen.*

Insgesamt ist also zum kirchlichen Selbstverwaltungsrecht festzustellen: Art. 137 Abs. 3 WRV, Art. 140 GG schließen staatliche Vergabebedingungen aus, die, über allgemeine „kirchenparallele" Zweckbestimmungen hinaus, durch Vergabebedingungen in kirchliche Organisations-, Personal- und Vermögensentscheidungen eingreifen. Dies darf insbesondere nicht aufgrund staatlicher Rechnungsprüfung geschehen.

IV. Schranken des kirchlichen Selbstbestimmungsrechts — Zulässigkeit staatlicher Vorgabenkontrolle?

1. „Im Rahmen der für alle geltenden Gesetze"

a) Die „Jedermann-Formel"

Das kirchliche Selbstbestimmungsrecht findet seine Grenzen an den „für alle geltenden Gesetzen". Nach dem BVerfG bedeutet dies: Allgemeine Gesetze sind solche, „die für die Kirche dieselbe Bedeutung haben wie für jedermann"[137]. Diese Formulierung darf weder im Sinne des allgemeinen Gesetzesvorbehalts in einigen Grundrechtsgarantien, noch

---

[137] BVerfGE 42, S. 312 (334); vgl. auch BVerfG KirchE, 21, S. 316 (319).

im Sinne des allgemeinen Gesetzes, das der Meinungsfreiheit Schranken zieht, noch im Sinne der Formel im „Rahmen der Gesetze" der Gewährleistung des Rechts der Gemeinden, alle Angelegenheiten der örtlichen Gemeinschaft in eigener Verantwortung zu regeln, verstanden werden[138].

Damit steht fest, daß die „allgemeinen Gesetze" dem Staat weit weniger an Regelungs- und Eingriffsraum eröffnen als die allgemeinen Gesetzesvorbehalte, und daß das BVerfG offenbar dieses Recht sehr ernst genommen sehen will. Es ist aber auch die „Jedermann-Formel" nicht ohne Recht im Schrifttum kritisiert worden: Einerseits sei sie zu eng[139], andererseits könnte damit der Eingriffsraum des Staates zu weit ausgedehnt werden, wenn dieser „die Kirchen wie jedermann" besonders restriktiven Regelungen unterwirft, die sich zwar die anderen Rechtsträger aufgrund ihrer durch Eingriffsvorbehalte relativierten Grundrechtspositionen gefallen lassen müssen, nicht aber die Kirchen, die dadurch in ihrem Selbstbestimmungsrecht beeinträchtigt würden. Die kirchlichen Träger würden auf solche Weise den anderen Privaten einfach gleichgestellt, ihr Selbstbestimmungsrecht als (begrenzte) „Freiheit vom Staat" begriffen, nicht als grundsätzlicher Selbstand. Im vorliegenden Falle könnte dann weder gegen Vergabebedingungen noch gegen deren Überwachung seitens der staatlichen Rechnungsprüfung etwas eingewendet werden, weil auf diese Weise ja „jedermann" beschränkt und jeder Zuwendungsempfänger gleichermaßen kontrolliert wird.

b) Die Wechselwirkungslehre

Dies würde jedoch der Judikatur des BVerfG nicht gerecht. Dieses hat erkannt, daß das „für alle geltende Gesetz" nicht

---

[138] BVerfGE 42, S. 312 (333).

[139] Vgl. etwa *Scheuner* (FN 35), S. 21, unter Hinw. auf die — zulässigen — staatlichen Regelungen über den Kirchenaustritt.

„in jedem Fall" dem kirchlichen Selbstbestimmungsrecht
vorgeht. Der Gesetzgeber ist vielmehr auch dann gehalten,
Sinn und Geist der grundgesetzlichen Wertordnung zu beachten. Denn Art. 137 Abs. 3 WRV „gewährleistet mit Rücksicht auf das zwingende Erfordernis friedlichen Zusammenlebens von Staat und Kirchen sowohl das selbständige Ordnen und Verwalten der eigenen Angelegenheiten durch die
Kirchen als auch den staatlichen Schutz anderer für das
Gemeinwesen bedeutsamer Rechtsgüter. Dieser Wechsel-
wirkung von Kirchenfreiheit und Schrankenzweck ist durch
entsprechende Güterabwägung Rechnung zu tragen"[140].

Diese mit einer Güterabwägung verbundene „Wechselwirkungslehre", welche an die ebenso genannte vom BVerfG
zu Art. 5 Abs. 2 GG vertretene Auffassung anschließt[141],
lenkt wohl doch in gewissem Sinne zu der Formel von
Johannes Heckel zurück[142], nach dem nur die für die Ge-
samtnation unentbehrlichen Gesetze „allgemeine" sein sollten. Dies ist, nicht zu Unrecht, deshalb kritisiert worden, weil
damit die kirchenbegrenzenden Normen des Staates — allzu
eng — auf die obersten Normschichten des staatlichen
Bereichs beschränkt würden[143]. Es kommt aber nicht auf die
Höhe der jeweiligen staatlichen Normen an, sondern auf die
Bedeutung der durch sie — auch konkretisierend — ge-
schützten Verfassungsgüter. Dies zugrunde gelegt, kann jedoch Heckel insoweit doch gefolgt werden, als *nur Rechtsgüter, die im Range der Religionsfreiheit gleich- oder überge-
ordnet sind, das Selbstbestimmungsrecht einschränken können* — wobei sie aber wiederum im Lichte der kirchlichen
Selbständigkeit zu bestimmen sind.

---

[140] BVerfGE 53, S. 366 (400 f.); BVerfG KirchE 21, S. 316 (318).

[141] BVerfGE 7, S. 198 (208 f.); 24, S. 278 (282); 61, S. 1 (10 f.).

[142] Vgl. *Heckel*, J., Das blinde undeutliche Wort „Kirche", gesammelte
Aufsätze 1964, S. 593.

[143] z. B. *Scheuner* (FN 35), S. 21.

Wendet man die so verstandene *Wechselwirkungslehre auf die Problematik der Rechnungsprüfung an, so ergibt sich:* Die staatliche Rechnungshofkontrolle dient der „Sicherung der öffentlichen Finanzen[144], damit wird sie, auch in ihren belastenden Auswirkungen, allgemein legitimiert. Wenn sie also nicht oder nicht tief eindringend stattfände, so müßte — allenfalls — damit gerechnet werden, daß gewisse Geldbeträge aus staatlichen Haushalten nicht nach denselben Wirtschaftlichkeitsgrundsätzen verwendet würden, wie sie beim Staat — mit Recht — allgemein durchgesetzt werden. Selbst wenn dies aber für den gesamten Bereich kirchlicher Karitas unterstellt würde — und eine reine „Belegkontrolle" könnte ja von den Kirchen selbst gefordert werden, vgl. D — so könnte es zwar, nach staatlicher Auffassung, zu einer „Fehlleitung" von Millionenbeträgen kommen, von einer finanziellen „Gefährdung" irgendeines staatlichen Haushalts könnte aber auch nicht entfernt die Rede sein. Wollte man diese (begrenzten) Finanzinteressen einer anderenfalls drohenden Beeinträchtigung der *Karitas als Religionsausübung,* und damit eines Zentrums des kirchlichen Selbstbestimmungsrechts, gegenüberstellen, so könnte die Entscheidung nicht zweifelhaft sein: *Lieber sollte die staatliche Gemeinschaft diese „Fehlleitungen" (die solche auch nur nach ihrer Auffassung wären) hinnehmen, als auf solchen Wegen eine neue, belastende staatliche Kirchenaufsicht aufzubauen.* Der Staat hat an der Parallelaktion mit der kirchlichen Karitas traditionell „so viel zu verdienen", daß es weit besser ist, er verzichtet hier auf gewisse Einzelvorgaben und kleinliche Überprüfungen, als daß er neue Staat-Kirchen-Konflikte hervorruft, um so mehr, als gegen schwerwiegendes und evidentes Fehlverhalten auch kircheninterne Kontrollen helfen können, im äußersten Fall die Versagung weiterer Förderung.

---

[144] Dazu m. Nachw. *Leisner* (FN 6), S. 38 f.

Auch der Gesetzesvorbehalt bei Art. 137 Abs. 3 WRV, Art. 140 GG deckt also die staatliche Rechnungskontrolle nicht.

2. Die Karitas der Kirchen — Hineinreichen in den staatlichen Raum

a) Im Bereich der Karitas findet eine Kooperation von kirchlichen Trägern und Staatsinstanzen statt, jene bewegen sich auf einem Feld, wo auch der Staat tätig wird, für das er, insgesamt, *eine gewisse sozialrechtliche Verantwortung in Anspruch nimmt*. Könnten sich daraus nicht doch gewisse Vorgaberechte und auch ein Rechnungsprüfungsrecht ergeben?

Unbestritten ist, daß im Falle *staatlich verliehener Gewalt*[145], grundsätzlich entsprechende Staatsaufsichtsrechte begründet sein können[146]. Davon kann hier jedoch nicht die Rede sein: Im Bereich der Karitas üben die kirchlichen Träger staatlich verliehene Gewalt nicht aus. Soweit ihre Tätigkeiten, etwa Beratungen, vom Staat als Voraussetzungen staatlicher Gewaltausübung ausdrücklich anerkannt werden, könnte sich *allenfalls insoweit* ein gewisses staatliches Aufsichtsrecht ergeben, nicht aber ein allgemeines Vorgaberecht für die *gesamte* karitative Tätigkeit oder wichtige Entscheidungen derselben, noch weniger ein Rechnungsprüfungsrecht hinsichtlich der Zuwendungen oder gar allgemein über die kirchlichen Haushalte. Denn der Legitimationsgrund, der hier vorgebracht würde, wäre ja offensichtlich ein ganz anderer als der der notwendigen Ausübung öffentlicher Gewalt: Diese letztere wird eben doch dem Staat

---

[145] Zur besonderen Problematik der „gemeinsamen Angelegenheit Kirchensteuer" vgl. unten V, 2.
[146] BVerwGE 25, S. 226 (229); OVG Münster, NJW 1978, S. 905 (906); *Scheuner* (FN 35), S. 16; *Weber* (FN 42), S. 154; *Maunz / Dürig*, GG Art. 19 Abs. 4 Rdnr. 114.

rechtlich zugeordnet, über Art. 19 Abs. 4 GG, hier erteilt er, aus einer Monopolstellung heraus, etwas wie eine Konzession, eine echte Beleihung, hier mag also auch eine Aufsicht gerechtfertigt sein; im Falle der Zuwendung dagegen geht es um die Sicherung staatlicher Finanzmittel, nicht um die Ausübung öffentlicher Gewalt.

b) Anerkannt ist ferner ein Regelungs- (und damit unter Umständen auch ein Überwachungs-)Recht des Staates dort, wo der kirchlichen Gewalt *„Außenwirkung im allgemeinen Rechtsverkehr"* zukommt[147]. Eine besondere Rolle hat dies auch bei der Vertretung der Kirchen in vermögensrechtlichen Angelegenheiten gespielt[148], sowie im Falle von Grundstücksübertragungen durch kirchliche Instanzen[149].

Im Bereich der Karitas werden die kirchlichen Träger ersichtlich im „allgemeinen Rechtsverkehr" tätig, sie nehmen Rechtshandlungen aller Art vor, schließen Verträge, bedienen sich in der Regel der Gestaltungsmöglichkeiten des Zivilrechts. Doch diese Umstände allein begründen weder ein staatliches Aufsichts- noch ein Rechnungsprüfungsrecht; zulässig sind allein die allgemeinen (zivil-)rechtlichen normativen Vorgaben, die auch für alle anderen vermögensrechtlichen Dispositionen der kirchlichen Träger bestimmend sind. Denn Schutzgut der staatlichen Verantwortung ist hier nicht das „staatliche Vermögen" wie im Falle der Rechnungsprüfung, sondern es sind die Interessen des *allgemeinen Rechtsverkehrs*, der eben auf die Einhaltung bestimmter rechtlicher Formen vertraut, auch seitens der Kirchen. Darum aber geht es im vorliegenden Fall nicht.

c) Das Selbstbestimmungsrecht der Kirchen soll schließlich eingeschränkt werden dürfen, wo und insoweit es mit

---

[147] *Fischer / Härdle* (FN 28), S. 192; *Scheuner* (FN 35), S. 23; *Maunz / Dürig*, GG, Art. 19, Abs. 4 Rdnr. 112 f.

[148] *Marx* (FN 100), S. 125 f.

[149] *Fischer / Härdle*, aaO.

seinen Wirkungen den kirchlichen Bereich überschreitet oder „in den staatlichen Bereich hineinwirkt"[150]. „Ausstrahlungen" in die Sphäre des Staates können allerdings nicht genügen[151]. Die Rechtsprechung hat dies wohl ersichtlich nicht in dem Sinn verstanden, daß schon jede Rechtswirkung (im Sinne der rechtlich relevanten Effekte) kirchlicher Tätigkeit ein solches „Hineinreichen" begründen kann — dann würde diese Formel ja das Ende kirchlicher Selbständigkeit bedeuten[152]. Vielmehr hatte die Rechtsprechung dabei kirchliche Rechtsakte im Blick, die von ihrer Wirkung her gesehen zugleich Änderungen der staatlichen Rechtsordnung zur Folge haben[153]; insoweit betätigen hier „die Kirchen mittelbar auch staatliche Gewalt"[154]. Dies betrifft jedoch die Problematik der karitativen Aktivitäten in der Regel nicht, welche der Rechnungsprüfung unterworfen werden sollen, es gehört allenfalls in den Zusammenhang von oben a.

Die Kategorie des *„Hineinwirkens in den staatlichen Bereich" reicht aber wohl weiter* und wirft allgemein[155], vor allem aber bei den Sozialaktivitäten der Kirchen, erhebliche Probleme auf.

Im gesamten Sozialbereich findet ein seit langem sorgenvoll bemerkter Vorgang der Einschränkung kirchlicher Selbständigkeit statt, vor allem im Krankenhausbereich. Hier, wie auch bei dem Komplex „Heimaufsicht des Jugendamtes"[156], wird die oft recht weitgehende Staatsaufsicht mit

---

[150] BVerfGE 18, S. 385 (387); BVerwGE 25, S. 226 (229); OVG Münster, NJW 1978, S. 905 (906).

[151] *Geller / Kleinrahm / Fleck* (FN 45), S. 142.

[152] In diesem Sinne zutr. krit. *Grundmann*, S., JZ 1966, S. 81 (84/5).

[153] Teilung einer Kirchengemeinde unter Änderung der Vermögenszuordnung und Vertretungsbefugnis.

[154] BVerfG, FN 150.

[155] Vgl. *Marx* (FN 100), S. 124.

[156] Siehe die Darstellung von *Rinken*, A., Handbuch des Staatskirchenrechts, II, 1975, S. 345 (379 f.).

Belangen des Schutzes der Volksgesundheit und der Jugend legitimiert. Ähnliches könnte auch bei staatlichen Beratungen im Bereich Jugend, Familie, Schwangerschaft eingreifen. Schon vor Jahren wurde angenommen, es werde „nicht immer zu vermeiden sein, daß im Gewande von Bedingungen für finanzielle Zuwendungen staatliche Strukturanforderungen sich durchsetzen können"[157]. Doch es wird mahnend hinzugefügt, diese Strukturregelungen dürften „weder die innere Freiheit der kirchlichen Einrichtungen beeinträchtigen, noch ihnen einen Verzicht auf die von ihrer Überzeugung geprägte Eigenart auferlegen"[158].

Darum geht es in der Tat allein: Wie weit geht das unabdingbare staatliche Interesse an der Aufgabenerfüllung, im Namen höchster Verfassungswerte der Gemeinschaft, welche das kirchliche Recht beschränken? Es darf dem Staat gerade *nicht* gestattet sein, bei Zuwendungen *beliebige Vorgaben zu setzen, Abhängigkeiten nach Belieben zu begründen*[159] *und all dies durch Rechnungshofkontrollen sanktionieren zu lassen,* auch nicht mit der Begründung, *dies „reiche in den staatlichen Raum hinein"* — *dies letztere allein ist kein dogmatisch brauchbares Abgrenzungskriterium.*

Für den vorliegenden Fall ergibt sich vielmehr, entsprechend dem bereits oben 1, b Ausgeführten:

— Vorgaben, welche die kirchlichen Träger bei der Verwendung staatlicher Zuwendungen binden, darf der *Gesetzgeber* setzen, nicht aber, außerhalb gesetzlicher Grundlagen, die Verwaltung; denn nur das für alle geltende *Gesetz,* nicht der Verwaltungswille, kann dem kirchlichen Selbstbestimmungsrecht Schranken ziehen.

---

[157] *Scheuner* (FN 35), S. 25; vgl. *dens.,* Essener Gespräche 8, 1974, S. 43 (59 ff.).

[158] Wie es *Scheuner,* aaO., S. 61, nicht ohne Grund befürchtet.

[159] BVerfGE 53, S. 366 ff. (380).

— Bewilligungsbedingungen müssen stets eine *Abwägung*
der höchstrangigen staatlichen Belange, etwa des Schutzes der Volksgesundheit oder des Jugendschutzes, gegenüber dem ebenfalls höchstrangigen Verfassungsgut
der Achtung des Selbstbestimmungsrechts der Kirchen
erkennen lassen. Die staatlichen Belange ihrerseits werden, schon in ihrer Gewichtung, durch das kirchliche
Selbstbestimmungsrecht relativiert. Praktisch bedeutet
dies, daß hier immer nur ein *allgemeiner Zweck-Rahmen*
gezogen werden darf. Dessen Beachtung kann ohne weiteres durch die Vergabebehörden sichergestellt werden,
auch ohne daß sie das kirchliche Selbstbestimmungsrecht verletzen. Die herkömmliche staatliche Rechnungsprüfung, deren Kontrollen hier zu tief eindringen
würden, ist kein geeignetes Instrument zur Bestimmung
und Auflösung dieses komplexen Spannungsverhältnis-
ses; Gesundheitsgefährdungen etwa kann nicht durch
Rechnungsprüfung begegnet werden.

— Die „Sicherung der staatlichen Finanzen" oder des
„Staatsvermögens" legitimieren als solche, schon angesichts der in Frage stehenden Größenordnungen, eine
Rechnungskontrolle nicht; deren Durchführung stellt
kein derart hochrangiges Verfassungsgut dar, daß dies
dem kirchlichen Selbstbestimmungsrecht Schranken ziehen könnte.

3. Neuere Rechtsprechung des BVerfG
zur Grenzziehung von kirchlichem und staatlichem
Bereich auf dem Gebiet der Wohlfahrtspflege

a) Das BVerfG hatte 1980 über Verfassungsbeschwerden
kirchlicher Krankenhausträger zu entscheiden, die sich gegen Gesetzesbestimmungen des Landes NW wendeten. Die
Beschwerdeführer machten geltend, sie würden dadurch in
die Rechtspflicht genommen, sich zur Erfüllung automati-

sierter Aufgaben gemeinsamer Rechenzentren zu bedienen[160]. Insbesondere werde dabei die Sonderstellung der kirchlichen Einrichtungen nicht respektiert. NW brachte dagegen vor, dieser Zwang sei unbedingt erforderlich „aus wirtschaftlichen Gründen"[161]. Das Gericht hielt die Verfassungsbeschwerde für zulässig, soweit es um die Möglichkeit der Verletzung kirchlicher Rechte ging; denn auch die zwangsweise Einbeziehung in einen Rechenzentren-Verbund unterwerfe die kirchlichen Einrichtungen Vorschriften, die in ihre innere Struktur eingriffen und sie in ihrer karitativen Tätigkeit beschränkten, mithin in der Verwirklichung des christlichen Glaubens[162]. Damit steht immerhin fest, daß auch staatliche Regelungen, die als solche eines völlig „formalisierten" und damit, auf den ersten Blick, „religionsneutral" wirkenden Verwaltungsablaufs erscheinen, Eingriffe in das Selbstbestimmungsrecht darstellen (können). Erst recht muß dies dann für die viel tiefer eindringende Rechnungsprüfung gelten.

Die Abwägungsfrage staatlicher und kirchlicher Belange im einzelnen konnte allerdings das Gericht hier nicht entscheiden, weil die angegriffene Regelung als solche die kirchlichen Träger noch nicht belastete, was vielmehr erst auf der Grundlage einer konkretisierenden Rechtsverordnung hätte beurteilt werden können[163].

b) Näher noch bei dem hier behandelten Problemkreis liegt eine Entscheidung des BVerfG von 1983 über *die KrankenhausbuchführungsVO*[164]. Hier hatte das Gericht über eine Verfassungsbeschwerde kirchlicher Träger zu befinden, die sich in ihren Grundrechten und ihrem kirchlichen Selbstbestimmungsrecht durch die Verpflichtung verletzt sahen,

---

[160] aaO., S. 380.

[161] aaO., S. 383.

[162] aaO., S. 388 f.

[163] KirchE 21, S. 316 f.

[164] Vgl. dazu *Mikat* (FN 34), S. 193.

nach der erwähnten Verordnung Buch zu führen und zu bilanzieren.

Das BVerfG hat auch hier eine Schrankenziehung seitens des Staates gegenüber dem kirchlichen Selbstbestimmungsrecht angenommen, diese jedoch wie folgt gerechtfertigt:

Staatliche Regelungen auf dem Gebiet des Gesundheitswesens seien für das Gemeinwohl von allgemeiner und hoher Bedeutung. Dies gelte insbesondere für die Sicherung der Krankenhausversorgung. Dieser aber diene die Krankenhausbuchführungsverordnung, weil nur so „das Krankenhausförderungsgesetz mit seinen Förderungsmaßnahmen nach einheitlichen Buchführungs- und Bilanzierungsgrundsätzen durchgeführt werden kann". In die Organisationsfreiheit der Beschwerdeführer werde nur in einem Randbereich eingegriffen, und diese seien ohnehin den sonstigen Rechnungs- und Buchführungsvorschriften des Handels- und Steuerrechts unterworfen.

Die Analogie zum Fall der staatlichen Rechnungsprüfung, etwa bei Beratungsstellen, könnte darin gesehen werden, daß es auch dort um Fragen des Gesundheitsschutzes und auch des Jugendschutzes gehe, also vergleichbar bedeutsamere Rechtsgüter. Ferner könnte behauptet werden, die Rechnungsprüfung sei nichts als eine Form der Sanktion staatlich verordneter Buchführungspflichten; wenn diese verfassungsmäßig seien, müsse dies auch für die Rechnungskontrolle gelten.

Dieser Schluß überzeugt jedoch nicht. Das BVerfG hat nur die Zulässigkeit von Buchführungsvorschriften, nicht die spezieller staatlicher Kontrollen und deren Beachtung festgestellt. Spezielle Buchführungspflichten für die Beratungsstellen gibt es jedoch nicht. Aus der Verpflichtung der kirchlichen Träger, „allgemeine handels- und steuerrechtliche Vorschriften" zu beachten, folgt kein Recht des Staates zur Rechnungsprüfung, sonst könnte er alle privaten Haushalte überprüfen. Daß eine Förderung überhaupt nur durchgeführt werden könne, wenn die Rechnungen vom Rechnungshof geprüft würden, ist weder bisher behauptet worden, noch gibt es einen Anhaltspunkt dafür. Die Rechnungsprüfung geht ferner über eine reine Kontrolle der Ordnungsmäßigkeit der Buchführung weit hinaus, gerade in den Raum der für sie heute besonders typischen „rechnungsunabhängigen" Rechnungsprüfung, namentlich der Wirtschaftlichkeitskontrolle. Dort aber liegen die eigentlichen Probleme dieser Untersuchung. Selbst wenn also spezielle Buchführungsbestimmungen für Beratungsstellen staatlicherseits erlassen wären, könnte dies die Zulässigkeit staatlicher Rechnungsprüfung noch nicht begründen. Schließlich betreffen die Belastungen der kirchlichen Träger durch diese letztere durchaus nicht nur ihre Organisationsfreiheit „in Randzonen" eines formalisierten Verwaltungsablaufs, sondern in zentralen religiösen Beurteilungsfragen, etwa nach Sinn und Zweck der Beratung als solcher.

Durch die Krankenhaus-Buchführungs-Entscheidung ist also die hier zu beantwortende Frage nicht präjudiziert worden; sie spricht eher für die große Sorgfalt, mit der das BVerfG den kirchlichen Eigenraum selbst im Falle solcher Formalia zu schützen bestrebt ist, damit aber, e contrario, für die Unzulässigkeit staatlicher Rechnungsprüfung kirchlicher Träger.

V. Wohlfahrtspflege — Bereich „gemeinsamer Angelegenheiten" (res mixtae) von Staat und Kirche?

1. Die „res mixtae"

a) Die Wohlfahrtspflege gehört zum Verantwortungs- und Tätigkeitsbereich des Staates, ebenso aber auch zur Karitas, zur Religionsausübung der kirchlichen Träger. Zwei Instanzen „tun also dasselbe, dennoch ist es nicht dasselbe". Der Staat akzeptiert die kirchliche Liebestätigkeit als Erfüllung auch seiner eigenen Aufgaben und zieht sich insoweit, in einer Art von Subsidiarität, zurück[165]. Es fragt sich angesichts dieser „Gemengelage", nicht der Aufgabenerfüllung, aber doch wohl der Aufgaben, ob für die Wohlfahrtspflege insoweit nicht der Begriff der „gemeinsamen Angelegenheiten" von Staat und Kirche fruchtbar gemacht werden kann, der seit langem im Staatskirchenrecht gebraucht wird, und ob sich aus ihm Lösungsansätze auch für die hier untersuchte Frage gewinnen lassen.

Von rebus mixtis wird dann gesprochen, wenn der Staat eine Seite, die Kirche eine andere einer gemeinsamen Angelegenheit regelnd wahrnimmt oder verwaltend ordnet[166]. Hier „nimmt jede Seite mit Recht einen Teil eines einheitlichen Gegenstandes als eigene Angelegenheit in Anspruch"[167]. „Bei diesen gemeinsamen Angelegenheiten findet das kirchliche wie das staatliche Handeln seine Schranken an den Belangen des anderen Teiles. Jenseits dieser Schranken, die im einzelnen zwar oft schwer zu ziehen sein werden, endet das Recht zu ausschließlich eigener Ordnung und Verwaltung. An der beiderseitigen grundsätzlichen Unabhängigkeit wird dadurch nichts geändert"[168].

b) Als „gemeinsame Angelegenheiten" werden genannt: Bestattungswesen, Religionsunterricht, Anstalts- und Militärseelsorge, Kirchensteuern (dazu im folgenden 2). Für alle diese Bereiche ist allerdings mit guten Gründen bestritten worden, daß der alte Begriff „res mixtae", auch in seinem neuen Gewande der „gemeinsamen Angelegenheiten", über-

---

[165] Siehe etwa dazu *Jurina* (FN 94), S. 139 f.; *Marx* (FN 100), S. 128/9.

[166] *Beulke*, E., ZevKR 6 (1957/8), S. 125 (148) m. Nachw. zur früheren staatskirchenrechtl. Lehre.

[167] *Hesse* (FN 60), S. 69.

[168] *Fischer / Härdle* (FN 28), S. 188/9; krit. auch *Weber*, H., Grundprobleme des Staatskirchenrechts, 1970, S. 60.

haupt dogmatisch brauchbar sei, insbesondere, daß er dem Wesen des kirchlichen Selbstbestimmungsrechts gerecht werde[169]. Überall ließen sich doch von vornherein einigermaßen deutlich kirchlicher und staatlicher Verantwortungsbereich unterscheiden, eigentlich im Gemenge liege nichts: Kirchliche Zeremonien auf Friedhöfen seien allein Sache der Kirchen, Friedhofsverwaltung im Sinne des öffentlichen Bestattungswesens führten diese für den Staat durch; dasselbe gelte für Religionsunterricht und Anstaltsseelsorge: Deren Gestaltung und Inhalte gingen den Staat nichts an, sie müßten sich lediglich in den staatlichen (äußeren) Organisationsrahmen einordnen, in dem sie stattfänden. Von anderer Seite wird die Abgrenzung — im Ergebnis in ähnlicher Weise — nach der „Nähe" des jeweiligen Rechts zum Zweck der beiden Gemeinschaften (Staat und Kirche) versucht: Handelt es sich etwa „um eine staatliche Regelung, die zum staatlichen Wohle in nächster, vielleicht vitaler Beziehung steht, während sie zum Zwecke der Kirche nur in einem mehr entfernten Notwendigkeits- oder Nützlichkeitsverhältnis steht, so wird ein Eingriff in die kirchliche Unabhängigkeit und Selbständigkeit nicht vorliegen"[170]. Auch hier zeigt sich also wieder, daß es nicht eigentlich um eine Gemengelage geht, sondern um die Abgrenzung kirchlicher und staatlicher Befugnisse, meist in konzentrischen Kreisen, wobei der äußere Ordnungsrahmen in der Regel vom Staat bestimmt wird. Letztlich stellt sich also doch die — im Staatskirchenrecht übliche — Abgrenzungsfrage (vgl. oben IV).

c) Die Einordnung der Wohlfahrtspflege in ein solches Schema *scheitert nicht schon daran, daß es hier weniger um Regelungskollisionen geht, als vielmehr um gemeinsame Verwaltung, um staatliche Förderung;* auch hier können ja grundsätzlich „Gemeinsamkeiten der Verantwortung" auftreten. Sie sind dann aber auch in diesem Bereich nicht unter

---

[169] *Mikat* (FN 34), S. 194.
[170] Zutr. *Mikat,* aaO.

Annahme einer — unklaren — „Gemengelage" zu beurteilen,
sondern es gilt, staatlichen und kirchlichen Bereich abzu-
grenzen, wobei die staatliche Verantwortung eindeutig mit
Schwerpunkt zur Bestimmung äußerer Rahmen ermächtigt,
während den kirchlichen Trägern die innere Ausgestaltung
überlassen bleibt. Insoweit kann eine derartige *„konzentrische Betrachtungsweise", an den alten rebus mixtis entwickelt, durchaus auch hier fruchtbar gemacht werden.*

Geht man jedoch davon aus, so kann nur *ein grundsätzli-
ches, deutliches Zurücktreten der staatlichen Regelungs-,
Verwaltungs- und Prüfungskompetenzen die Folge sein.* Die
kirchlich geprägte Grundstruktur des karitativen Tuns darf
nicht vom Staat fremdbestimmt werden — nur dies, nicht
eine „gemeinsame Verwaltung", wäre aber die Folge weitgehender Vergabebestimmungen und staatlicher Rechnungsprüfung. *Diese letztere kann überdies schon begrifflich nicht
als eine Form „gemeinsamer Aufgabenerledigung" legitimiert werden,* denn diese Wirtschaftlichkeitskontrolle *wird
ja allein vom Staat durchgeführt,* die Wirtschaftlichkeitsmaßstäbe würden, überhaupt oder doch hinsichtlich der
Zuwendungsverwendung, allein vom Staat bestimmt. Eine
wie immer geartete „Gemeinsamkeit" — die sich eben bei
derartigen gemeinsamen Materien am besten in Kirchenver-
trägen bewähren kann[171] — bestünde hier dann nicht, wenn
eine Seite enge Vorgaben setzte und deren Einhaltung kontrollieren dürfte, der anderen nur die weitestgehend gebun-
dene Ausführung bliebe.

Als *Fazit* wird man also die Rechtsfigur der „gemeinsamen
Angelegenheiten" — wenn sie überhaupt noch aufrechter-
halten werden kann — auf die hier behandelten Versuche
des Staates gar nicht anwenden können, auf die freie Wohlfahrtspflege, über Vergabebedingungen und Rechnungsprü-

---

[171] Zum Wesen der Kirchensteuer siehe *Maunz / Dürig,* GG, Art. 140,
Rdnr. 42 m. Nachw.

fung, Einfluß zu nehmen. Allenfalls könnte man dieser Rechtsfigur eine „konzentrische Betrachtung" entnehmen, bei der der Staat auf den „äußeren Ordnungsrahmen" beschränkt bliebe — damit wären wiederum Einzelregelungen in Vergabebestimmungen, vor allem aber eine staatliche Rechnungsprüfung, unvereinbar. Bei einer Entscheidung nach „Nähe zum Wesenskern" von Kirche oder Staat ergäbe sich nichts anderes als nach der bereits oben IV, 1, b behandelten Wechselwirkungslehre.

2. Insbesondere: Kirchensteuer als „gemeinsame Angelegenheit" — und doch keine staatliche Verwendungskontrolle

a) Der Begriff der „gemeinsamen Angelegenheiten" von Staat und Kirche ist neuerdings bedeutsam für die Kirchensteuer geworden. Es fragt sich, ob sich von dort her Schlüsse auf staatliche Vergabe- und Kontrollrechte bei der Förderung im Bereich der Wohlfahrtspflege ziehen lassen.

Kirchensteuern sind öffentlich-rechtliche Zwangsabgaben, die zur Finanzierung kirchlicher Aufgaben von Mitgliedern der Religionsgemeinschaften erhoben werden[172]. Da der Staat die Beitreibung übernimmt[173], weitgehend auch die Verwaltung besorgt[174], wurde früher von der ganz herrschenden Lehre behauptet, jenes Besteuerungsrecht, das die Kirchen aus eigenem Recht ausüben[175], sei ihnen vom Staat „als Besteuerungsmacht" verliehen worden[176], mit der Folge, daß

---

[172] *Böhlig* (FN 50), S. 196; *Marré*, H., Gedächtnisschrift für Hans Peters, 1967, S. 302 (310 f.).

[173] *Marré*, aaO., S. 39 ff.; *Mikat* (FN 34), S. 234 f.

[174] BVerfGE 19, S. 206 (217); *Geller / Kleinrahm / Fleck* (FN 45), S. 182.

[175] *Marré* bezeichnet dies noch 1967 als „nahezu unangefochten", aaO., S. 311; Nachw. bei *dems.*, aaO., S. 307, ebenso bei *Geller / Kleinrahm / Fleck*, aaO., S. 181; vgl. zusätzlich noch *Weber*, H., Grundprobleme des Staatskirchenrechts, 1970, S. 60.

[176] *Maunz / Dürig*, GG, Art. 140, Rdnr. 42.

insoweit eine staatliche Angelegenheit anzunehmen sei. Auch heute wird dies noch vertreten[177].

Das BVerfG hat jedoch „die Kirchensteuererhebung zu den gemeinsamen Angelegenheiten von Staat und Kirche" gerechnet, „weil der Staat den Religionsgesellschaften zur Beitreibung den Verwaltungszwang zur Verfügung stellt". Für die Kirchensteuer ist die staatliche Normierung konstitutiv. Deshalb unterliegt die Kirchensteuererhebung auch der Rechtskontrolle durch die staatlichen Gerichte[178]. Dies entspricht heute der wohl herrschenden Auffassung[179].

Ein bedeutsamer Unterschied zwischen diesen Auffassungen mag zur Zeit an sich nicht mehr bestehen[180]; im vorliegenden Zusammenhang bleibt es jedoch bedeutsam, *daß hier eine „gemeinsame Angelegenheit" vorliegen soll, die traditionell sogar als Beleihung der Kirche mit staatlicher Hoheitsgewalt angesehen wurde*, woraus auch heute noch das Kontrollrecht staatlicher Gerichte abgeleitet wird.

b) Gerade angesichts dieser Lage ist es bemerkenswert, daß die *ganz herrschende Lehre davon ausgeht*, daß sich aus der staatlichen — wie immer definierten — Mitwirkung an der *Kirchenbesteuerung* keinerlei staatliche Aufsichtsrechte über das Kirchenvermögen ableiten lassen, insbesondere nicht über die Verwendung der so erhobenen und beigetriebenen Mittel[181]. Früher war dagegen, unter dem Einfluß der

---

[177] BVerfGE 19, S. 206 (217/8), unter Hinw. auf BVerwGE 7, S. 189.

[178] Vgl. *Marré*, H., Handbuch des Staatskirchenrechts, II, 1975, S. 5 (11 f.) m. Nachw.; früher insbes. *Hesse*, K., JöR 10 (1961), S. 3 ff. (54); nunmehr auch *Maunz / Dürig*, aaO., Rdnr. 43; *Weber* (FN 168), S. 60, weist auf c 1596 CIC hin.

[179] *Weber*, H., aaO.; *Maunz / Dürig*, GG, Art. 140, Rdnr. 42, unter Berufung auf *Listl*.

[180] Vgl. f. viele *Marx* (FN 100), S. 129; *Böhlig* (FN 50), S. 197; *Hesse*, K., JöR 10 (1961), S. 3 ff. (53); *Mikat* (FN 34), S. 234; *Geller / Kleinrahm / Fleck* (FN 45), S. 143.

[181] Vgl. *Mikat*, aaO.; *Böhlig* (FN 50), S. 196/7.

Korrelatentheorie, das staatliche Aufsichtsrecht über das
kirchliche Vermögen gerade damit gerechtfertigt worden,
daß dieses im wesentlichen aus dem staatsverliehenen Besteuerungsrecht erwachse[182].

Bemerkenswert ist im vorliegenden Zusammenhang, daß
diese Korrelatentheorie auch in neuerer Zeit wiederbelebt
worden ist: Ein durch herkömmliches Landesrecht begründetes Finanzkontrollrecht durch Prüfung des kirchlichen
Haushaltsplans oder des kirchlichen Kassen- und Rech-
nungswesens wird damit gerechtfertigt[183]. Dem steht allerdings die ganz herrschende Lehre entgegen, die jede Staats-
kontrolle über die Mittelverwendung unter Berufung auf die
Kirchensteuererhebung ausschließt. Eine ganz andere Frage
ist es, ob der Staat auf die Höhe der Kirchensteuersätze
Einfluß nehmen kann, etwa um zu verhindern, daß der
Steuerbürger überfordert werde und die staatlichen Abga-
ben nicht mehr entrichten könne[184]. Hier geht es um die
Höhe der etwa zu erhebenden Mittel, nicht um ihre Verwendung; und der BFH betont überdies in diesem Zusammenhang, es könne nicht Sache der Steuergerichte sein, „über
den Weg der Prüfung der Kirchensteuern die Grundordnung
der Religionsgesellschaften zu kontrollieren"[185]. Und es wird
unterstrichen: „Ausgeschlossen ist allerdings, daß bei Vorla-
ge der kirchlichen Haushaltsunterlagen die Notwendigkeit
und Zweckmäßigkeit von vorgesehenen Ausgaben nachge-
prüft wird, denn das wäre ein Eingriff in die kirchliche
Vermögensverwaltung"[186].

*Dann aber drängt sich die Analogie zum Verlangen der
staatlichen Rechnungsprüfung, ja sogar zu restriktiven Ver-*

---

[182] *Böhlig*, aaO., S. 197/8.

[183] Dazu *Mikat* (FN 34), S. 348; BFH NJW 1969, S. 2021 (2032); *Hesse, K.*,
JöR 10 (1961), S. 3 ff. (54); *Geller / Kleinrahm / Fleck* (FN 45), S. 182.

[184] BFH aaO.

[185] *Mikat* (FN 34), S. 348.

[186] *Leisner* (FN 6), S. 59 ff. m. Nachw.

gabebedingungen bei Zuwendungen auf: Derartiges läßt sich selbst unter Berufung auf die Kirchensteuer nicht rechtfertigen, obwohl diese doch mit staatlichen Mitteln erhoben und verwaltet wird. *Die Herkunft der Mittel, welche die Kirchen einsetzen, ist also ohne Bedeutung für die Frage, wer über ihre Verwendung entscheidet, sind sie erst einmal in das Vermögen der Kirchen geflossen — allein entscheiden hier die kirchlichen Träger.* Wenn dem Staat die Kontrolle über die Verwendung kirchlicher Gelder — welcher Herkunft immer — versagt ist, weil er sonst in das kirchliche Selbstbestimmungsrecht eingreift, so kann er solches auch nicht über Zuwendungen erreichen. *Der Bewußtseinswandel, der sich bei der Kirchensteuer vollzogen hat, muß sich mit Notwendigkeit auch bei den staatlichen Zuwendungen fortsetzen und auch dort zum Ausschluß der staatlichen Kontrollen führen.* Diese können also auch in der Wohlfahrtspflege nicht aus „gemeinsamen Angelegenheiten" legitimiert werden, wenn solches bei den Kirchensteuermitteln nicht zulässig ist. *Das Ergebnis dieser Untersuchung — Ausschluß des staatlichen Einflusses auf die kirchliche Mittelverwendung — ist nur der notwendige Endpunkt einer allgemeinen staatskirchenrechtlichen Entwicklung.*

Die staatlichen Gerichte üben zwar eine Kontrolle in Kirchensteuerangelegenheiten aus. Daraus läßt sich indes eine Analogie zur kirchlichen Rechnungsprüfung nicht ziehen. Denn die Gerichtskontrolle beschäftigt sich lediglich mit den Beziehungen zwischen Kirchensteuerschuldnern und -gläubigern, also mit Fragen der Herkunft der Kirchensteuermittel, nicht aber mit deren Verwendung. Vergleichbare Fragen bei Zuwendungen seitens des Staates unterliegen ebenfalls gerichtlicher Kontrolle, die überdies mit Rechnungsprüfung unvergleichbar ist.

Das Kirchensteuerrecht bestätigt also, daß mehr als allgemeine Vergabebedingungen oder eine staatliche Rechnungsprüfung das kirchliche Selbstbestimmungsrecht verletzen.

6*

D. Kirchliche Rechnungsprüfung und staatliche Rechnungskontrolle

I. Die unabhängige kirchliche Rechnungsprüfung

1. Die bisherigen Ausführungen haben ergeben, daß eine staatliche Rechnungskontrolle über kirchliche Haushalte nicht zulässig ist, weder hinsichtlich der Verwendung von staatlichen Zuwendungen, noch gar darüber hinaus, zur Überprüfung „wirtschaftlichen Verhaltens" der kirchlichen Instanzen überhaupt. Dem Staat ist es auch verwehrt, seine Zuwendungen an Vergabebedingungen zu binden, welche das kirchliche Selbstbestimmungsrecht dadurch verletzen, daß den kirchlichen Trägern staatliche Wirtschaftlichkeitsvorstellungen aufgezwungen werden. Damit bliebe ohnehin für eine externe Prüfungsinstanz — welche immer — nur ein enger Raum „reiner Rechnungs-Beleg-Kontrolle", um die es aber im Anlaßfall dieser Untersuchung nicht geht.

Es fragt sich angesichts dieser Rechtslage aber, *welche Bedeutung der innerkirchlichen Rechnungsprüfung zukommt*, ob sie nicht eine weitere, sogar tragende Begründung dafür liefert, daß der Staat auf eigene Rechnungsprüfung nicht nur verzichten kann, sondern verzichten muß. Oder steht es dem Staat frei, die kirchliche Rechnungsprüfung hier „gar nicht zur Kenntnis zu nehmen"?

2. *Ein kirchliches Rechnungsprüfungswesen gibt es seit langem.*

a) Das traditionelle Recht der *Katholischen Kirche* wird folgendermaßen dargestellt[187]: Schon aus dem traditionellen

---

[187] Von *Mörsdorf* (FN 49), S. 523.

Kirchenrecht (vgl. insbes. c, canon 1525 CJIC) ergab sich, daß
alle Verwalter irgendeiner Kirche, einer kanonisch errichte-
ten Anstalt oder Körperschaft, zur jährlichen Rechnungsle-
gung vor dem Ortsoberhirten verpflichtet sind. Gleichgültig
ist, ob die Vermögensverwalter Geistliche oder Laien sind.
Wo nach *kirchlichem Recht* anderen Behörden (etwa staatlichen Verwaltungsbehörden) Rechnung zu legen ist, darf der
Ortsoberhirte nicht ausgeschaltet werden, die Entlastung
dieser Stelle befreit nicht von der Verantwortung vor der
Kirche. Die kirchliche Aufsicht tritt überdies nun an die
Stelle der staatlichen Aufsichtsrechte über die Vermögensverwaltung[188]. „Im Wege der Bewilligung der Haushaltsplä-
ne, der Rechnungslegungspflicht der Vertretungsorgane und
der Genehmigung der außerordentlichen Verwaltungsakte
sowie der Veräußerung übt der Diözesanbischof die ihm im
canon 1276 § 1 vorgeschriebene Kontrolle im vorhinein und
nachhinein aus." Bezüglich der öffentlichen juristischen Personen kann das Aufsichtsrecht dem Ökonomen übertragen
werden. „Zur Aufstellung des Haushaltsplanes und zur
Rechnungsprüfung ist der Diözesanvermögensverwaltungs-
rat zuständig"[189]. In der Ausgestaltung der Rechnungsprüfung im einzelnen sind im übrigen die kirchlichen Instanzen
frei, sie müssen insbesondere nicht jene gerichtsähnliche
Unabhängigkeit der Rechnungsprüfer vorsehen, welche im
staatlichen Recht verankert ist, weil sie ja den Grundsätzen
der gewaltenteilenden Rechtsstaatlichkeit nicht unterworfen sind[190].

b) Im *evangelischen Bereich* „kann die Finanzkontrolle
auf eine alte Geschichte zurückblicken"[191]. Hier gilt die
Rechnungsprüfungsordnung für die Evangelische Kirche in

---

[188] *Mörsdorf*, aaO., S. 538 f.

[189] *Puza*, R., Handbuch des Katholischen Kirchenrechts, hgg. von *Listl /
Müller / Schmitz*, 1983, S. 900 (908/9).

[190] BFH NJW 1969, S. 2031 (2032).

[191] *Blaschke*, ZevKR 29 (1984), S. 45 (63).

Deutschland vom 4.10.1963[192]. Diese sieht die Unabhängigkeit des Oberrechnungsamtes in § 1 Abs. 2 vor, das bei der Beurteilung der Prüfungsvorgänge „nur dem Gesetz unterworfen ist". Dieses Oberrechnungsamt kann nach § 4 Abs. 1 „unter Wahrung seiner Unabhängigkeit" „bei Prüfungen kirchlicher Einrichtungen durch kirchliche, staatliche oder kommunale Rechnungsprüfungsstellen mitwirken". Dies bedeutet selbstverständlich keine globale Zustimmung der Kirche zu allen möglichen staatlichen Rechnungsprüfungen, bezieht sich vielmehr nur auf solche, die an sich, insbesondere unter Wahrung des kirchlichen Selbstbestimmungsrechts, zulässig sind[193].

Der Rat des EKD hat ferner bereits 1956 „Richtlinien für das kirchliche Rechnungsprüfungswesen" erlassen[194]. Diese sehen vor, daß die Überwachung der landeskirchlichen Haushalts-, Kassen-, Rechnungs- und Wirtschaftsführung Angelegenheit der zuständigen verfassungsmäßigen Organe ist. „Diese bedienen sich dabei im allgemeinen der landeskirchlichen Rechnungsprüfungsstelle" (I, 2). So ist etwa im Bereich der Nordelbischen Kirche ein „Rechnungsprüfungsamt" geschaffen worden, dessen Mitglieder unabhängig und von Weisungen freigestellt sind, „die den Umfang, die Art und Weise oder das Ergebnis der einzelnen Prüfungen betreffen". Die Mitarbeiter des Amtes werden, um diese institutionell garantierte Unabhängigkeit gewährleisten zu können, auf Vorschlag des Rechnungsprüfungsausschusses der Synode durch diese bestellt[195]. Damit ist eine rechnungshofähnliche Unabhängigkeit der Rechnungsprüfung gesichert.

---

[192] Abgedruckt — zusammen mit den im folgenden erwähnten Bestimmungen — bei Dahrmann, D., Das Recht der Evangelischen Kirche in Deutschland, 1978, S. 84 ff.

[193] Die Bestimmung dürfte z. B. (auch) Rechnungsüberprüfungen seitens der Finanzverwaltung (mit) umfassen, die ja auch nach der hier vertretenen Auffassung zulässig sind.

[194] Abl EKD, S. 97.

[195] Blaschke (FN 191), S. 64.

Auch im einzelnen ist das Haushalts- und Rechnungswe-
sen weitgehend im Bereich der Evangelischen Kirche entsprechend den Prinzipien des HGrG und der HOen geregelt[196]. Insbesondere entsprechen die Grundsätze über die
Mittelverwendung weitestgehend denen des staatlichen Bereichs[197]. Ausdrücklich ist bestimmt, daß dieses Amt auch
die der Kirche anvertrauten Mittel in ihrer zweckentspre-
chenden, wirtschaftlichen und sparsamen Verwendung
überprüft; das gilt auch für staatliche Zuwendungen.

II. Die kirchliche Rechnungsprüfung
und die staatlichen Rechnungsprüfungsinteressen

Die kirchliche Rechnungsprüfung erfolgt, was unbestritten
ist, im Rahmen des Selbstbestimmungsrechts der Kirchen;
der Staat hat sie zu achten, er darf sie weder behindern noch
vorwegnehmen. Es fragt sich jedoch, welche Bedeutung dieser Institution gegenüber staatlichen Rechnungsprüfungsan-
sprüchen über kirchliche Träger zukommt, soweit diese der
kirchlichen Rechnungsprüfung unterliegen.

Die kirchliche Rechnungsprüfung ist Ausübung öffentlicher, aber nicht staatlicher Gewalt[198]. Sie ist, im kirchlichen
Bereich wie im staatlichen Raum, als eine im wesentlichen
schlicht-hoheitliche Tätigkeit zu qualifizieren. Die staatliche
Prüfung entfällt nicht von vornherein deshalb, weil bereits
eine „andere staatliche Stelle" hier die Prüfung vornähme.

Eine andere — und hier entscheidende — Frage ist aber,
ob die Achtung vor der kirchlichen Rechnungskontrolle eine

---

[196] Vgl. die Ordnung für das kirchliche Haushalts-, Kassen- und Rech-
nungswesen, Richtlinien vom 11.5.1974, Abl EKD, S. 413.

[197] Siehe z. B. Verfassung der Evangelisch-Lutherischen Kirche in Bay-
ern vom 20.11.1971, Art. 79 ff., *von Ammon / Rusam* 1978. Tätig wird hier
das Rechnungsprüfungsamt ELKiB, das durch Kirchengesetz vom
17.12.1974 (KAbl 1975, S. 4, RS 55) errichtet worden ist.

[198] BVerwGE 25, S. 226 (229).

solche des Staates noch erforderlich oder auch nur zulässig erscheinen läßt. Dies kann nicht schon mit der Begründung behauptet werden, die kirchliche Rechnungsprüfung lege ja die staatlichen Vergabebedingungen nicht zugrunde — diese dürfen eben dem kirchlichen Selbstbestimmungsrecht nicht widersprechen, soweit sie ihm aber entsprechen, sind sie selbstverständlich auch von den kirchlichen Rechnungsprüfungsinstanzen zu kontrollieren, allerdings immer nach dem Selbstverständnis der Kirchen; denn dies gehört dann zur ordnungsgemäßen Verwaltung des kirchlichen Vermögens.

Der Staat müßte also begründen können, warum er den kirchlichen Instanzen der Rechnungsprüfung nicht vertraut, warum es im öffentlichen Interesse unumgänglich erscheint, daß er seinerseits, über seine Rechnungshöfe, Nachprüfungen anstellt, *die kirchlichen Prüfungen einfach ignoriert*, deren Ergebnisse überhaupt nicht berücksichtigt.

Dies letztere aber kann nicht mit dem Sinn und Zweck der gegenwärtigen staatskirchenrechtlichen Trennung von Staat und Kirche und der Anerkennung der Kirchen als Körperschaften des öffentlichen Rechts in Einklang gebracht werden (vgl. oben C, I). Damit ist doch die Anerkennung des „öffentlichen", des „amtlichen" Charakters der kirchlichen Gesetzgebung, Verwaltung und Gerichtsbarkeit, also auch der kirchlichen Rechnungsprüfung, verbunden. Die „Anerkennung der besonderen Bedeutung der Wirksamkeit der Religionsgesellschaft"[199] bedeutet also auch notwendig die Anerkennung der besonderen Bedeutung der Wirksamkeit von deren Rechnungsprüfung. Damit ist es unvereinbar, daß der Staat, ohne Rücksicht auf diese, eigene Überprüfungen durchführt. Dies ergibt sich insbesondere daraus, daß die Anerkennung der kirchlichen Rechnungsprüfung dem Staat gerade die Möglichkeit bietet, *in praktisch sachangepaßter*

---

[199] BVerfGE 19, S. 129 (133).

Weise das kirchliche Selbstbestimmungsrecht zu achten: Die
Verwendung der staatlichen Zuwendungen wird von den
kirchlichen Rechnungsprüfungsstellen kontrolliert, deren
Feststellungen werden, soweit sie diese Komplexe betreffen,
der staatlichen Rechnungsprüfung zugänglich gemacht. Diese kann daraus, in Verbindung mit einer strengen Prüfung
der Tätigkeit der Vergabebehörden, alle Einsichten gewinnen, deren sie zur Durchsetzung der Rechnungsprüfung im
Sinne von Art. 114 GG bedarf. Sollten Verfahren oder Feststellungen der kirchlichen Rechnungsprüfung Anlaß zu
Zweifeln im Bereich der staatlichen Rechnungsprüfung geben, so können diese durch Gespräche zwischen den beiden
Behörden wohl in aller Regel — und es wird sich ja nur um
ganz seltene Fälle handeln — ausgeräumt werden.

Dies, und nicht ein einseitiges Inquisitionsrecht des Staates, sind eben die vom Staatskirchenrecht gebotenen Kon-
fliktregelungsinstrumentarien zwischen gleichgeordneten,
„souveränen" Partnern. Daß sie bisher noch nicht ausrei-
chend genutzt werden, beweist nur, daß die Prinzipien des
GG die staatliche Verwaltungswirklichkeit noch nicht hinreichend prägt. Hier muß dringend Abhilfe geschaffen werden,
im Namen der Verfassung.

Ein staatliches Vermögenskontrollrecht über die Kirche
darf es in keiner Form geben.

Ergebnisse der Untersuchung

1. „Staatliche Rechnungsprüfung kirchlicher Einrichtungen" ist eine grundsätzliche Frage. Ein Fall aus letzter Zeit beleuchtet diese Problematik: Der Landesrechnungshof NW hat bei zahlreichen Trägern der Freien Wohlfahrtspflege Prüfungen über die Verwendung staatlicher Zuwendungen durchgeführt. Dabei glaubte er in einer größeren Anzahl von Fällen auch bei kirchlichen Trägern Unkorrektheiten feststellen zu können. Nachdem dies vorzeitig durch Indiskretionen aus dem parlamentarischen Bereich bekannt geworden war, kam es in der Presse zu höchst kritischen Berichten, in denen sogar von „Betrügereien in Millionenhöhe" die Rede war.

Die Freien, vor allem auch die kirchlichen Träger haben diese Vorwürfe, hinsichtlich der bei weitem meisten Punkte, entschieden zurückgewiesen. Viele Kritikanlässe beruhten überdies auf unklaren Förderungsrichtlinien oder auf Absprachen mit den Bewilligungsbehörden. Diese überprüften die Feststellungen, und der MAGS erklärte in einer ausführlichen Stellungnahme die Kritik des Rechnungshofs für weitgehend unberechtigt. Die negativen Auswirkungen auf die Arbeit der kirchlichen Träger waren jedoch erheblich.

Die kirchlichen Instanzen halten dem Landesrechnungshof vor, bei der Prüfung sei es zu schwerwiegenden Verfahrensfehlern gekommen; insbesondere sei Gehör nicht gewährt worden. Anstatt (primär) die Vergabebehörden zu kontrollieren, sei man gegen die Träger vorgegangen. Bei der Beurteilung der Förderungswürdigkeit hätten die Prüfer Untersuchungen über Sinn und Zweck der Beratungen angestellt, was ihnen ebensowenig zu-

stehe wie die Beurteilung von Einzel-Organisations-Ent-
scheidungen der Träger oder der Qualifikationen von
deren Personal. Der Landesrechnungshof habe sogar
Feststellungen über den (Beratungs-)Erfolg der geförderten Tätigkeit treffen wollen.

Hier zeigen sich kirchenspezifische Aspekte der Problematik: Die kirchlichen Instanzen sind der Auffassung,
daß der Staat nicht kirchliche Zielsetzungen, Tätigkeits-
bewertungen und Organisationsentscheidungen durch
seine Prüfung beeinflussen oder gar behindern dürfe.

(Text: S. 11-19)

2. Die kirchlichen Träger der Freien Wohlfahrtspflege stehen der staatlichen Rechnungsprüfung grundsätzlich gegenüber wie „Private", weil es sich eben bei ihnen um
nichtstaatliche Instanzen handelt. Auf sie sind also die
Grundsätze anzuwenden, welche zur staatlichen Rechnungsprüfung Privater entwickelt worden sind, insbesondere: Art. 114 GG betrifft nicht eine Kontrolle über
Private, sondern über das Verhalten staatlicher Instanzen; bei Subventionen ist daher Prüfungsgegenstand
allein die Mittelverwaltung durch die Vergabebehörden,
nicht das Verhalten der kirchlichen Träger. Eine Prüfung
„bei" diesen kann praktisch gar nicht von der Kontrolle
„der" kirchlichen Träger getrennt werden; diese letzteren
sind auch hier die eigentlich durch die Prüfungskritik
Betroffenen. Der Rechnungshof hat in den Anlaßfällen
eindeutig nicht „bei den" kirchlichen Trägern geprüft,
sondern diese selbst gerügt.

Auch dem rechtsstaatlichen Gebot des „geringst nötigen
belastenden Eingriffs" entspricht nur eine Prüfung der
Vergabebehörden; wenn diese zu Subventionskontrol-
len bei den Empfängern veranlaßt werden, ist die Belastung für letztere, vor allem hinsichtlich späterer Publizität,
weit geringer.

Die kirchlichen Träger genießen vollen Grundrechtsschutz, sie stehen der Rechnungsprüfung als nichtstaatliche Instanzen gegenüber; dies gilt nicht nur zur Vertei-
digung spezifischer staatskirchenrechtlicher Rechtspositionen, die dem allgemeinen Grundrechtsschutz nur
noch weitere Sicherungen hinzufügen.

Selbst wenn man also grundsätzlich die staatliche Prüfung hier für zulässig halten wollte, müßte sie sich in
engsten Grenzen halten, im konkreten Fall ergäbe sich
auch danach die Unzulässigkeit des gerügten Prüfungs-
verhaltens.

(Text: S. 20-28)

3. Die Träger der kirchlichen Wohlfahrtspflege üben „Karitas" aus, dies gehört nach der Rechtsprechung des
   BVerfG zur „Religionsausübung" im Sinne des GG. Jedenfalls gilt dies für eine Beratungstätigkeit mit ent-
   scheidendem pastoralen Einschlag. Die kirchlichen Träger haben insoweit Teil an dem öffentlichen Körperschaftsstatus der Kirchen, denen sie zugeordnet sind
   (Art. 137 Abs. 5 WRV, 140 GG).

Daraus ergibt sich jedoch kein Prüfungsrecht der Rechnungshöfe ihnen gegenüber. Diese dürfen zwar die Körperschaften des öffentlichen Rechts im staatlichen Bereich kontrollieren, weil sie vom Staat geschaffen sind
und mittelbare Staatsverwaltung ausüben. Dies gilt jedoch nicht für die kirchlichen Instanzen, welche dem
Staat gegenüber „autokonstitutionelle Körperschaften
mit verfassungsrechlichem Rang" sind. Denn der Körperschaftsstatus der Religionsgesellschaften gliedert
diese nicht in den Staat ein und verleiht diesem keinerlei
Kontroll- oder Aufsichtsrechte.

Der kirchliche Körperschaftsstatus spielt also in diesem
Zusammenhang keine Rolle.

(Text: S. 29-32)

4. Die Kirchen und kirchlichen Träger unterliegen als solche staatlicher Rechnungskontrolle nicht; es fragt sich aber, ob dies bei Annahme staatlicher Zuwendungen ebenfalls gilt. Selbst wenn „andere Private" in solchen Fällen geprüft werden dürften, könnte dies aus staatskirchenrechtlichen Gründen im Fall kirchlicher Träger unzulässig sein, weil sich der Staat nicht in kirchliche Angelegenheiten einmischen dürfe. Eine solche Ingerenz könnte allerdings auch bereits in einer Verwendungskontrolle durch die Vergabebehörden gesehen werden, welche von Rechnungshöfen erzwungen wird, die ihrerseits kirchliche Träger nicht prüfen. Dies wirft die bereits in anderem Zusammenhang behandelte Frage der „Lenkungsauflagen" auf. Die staatliche Rechnungsprüfung stellt demgegenüber aber noch zusätzliche, besondere Probleme, angesichts der systematischen Wirtschaftlichkeitskontrolle seitens der Rechnungshöfe und der erhöhten Publizität von deren Feststellungen. Die Problematik der „staatlichen Rechnungsprüfung kirchlicher Träger" ist also eine besondere.

Die Frage ist bisher im Staatskirchenrecht kaum behandelt worden. Lösungen müssen daher aus allgemeinen Grundsätzen und sachnahen Problemkreisen gewonnen werden.

(Text: S. 33-37)

5. Die Kirchen und ihre Träger in der Freien Wohlfahrtspflege sind vom Staat grundsätzlich getrennt; sie stehen ihm als völlig gleichberechtigte Partner gegenüber, er übt keinerlei Aufsicht über sie aus. Sie sind nicht ein Stück Staat, sondern ein Gegenstück zum Staat.

In dem von solcher Trennung bestimmten staatskirchenrechtlichen Koordinatensystem ist grundsätzlich kein Platz für eine staatliche Rechnungsprüfung im kirchli-

chen Bereich; hier stehen sich „zwei Souveränitäten"
gegenüber. Macht eine dieser Mächte der anderen Zuwendungen, so muß dies grundsätzlich in dem Vertrauen
geschehen, daß dort die Mittel sachgerecht verwendet
und dies auch kontrolliert wird. Staatliche Rechnungsprüfung würde derartige Kooperation in unzulässige or-
ganisatorische Verzahnung verwandeln.

Die Kirchen genießen nicht staatlich verliehene oder
anerkannte Autonomie, sie werden in voller Eigenständigkeit, aus originärem Recht tätig, von „Freiheit der
Kirche" sollte daher nicht mehr gesprochen werden.
Aufgrund einer Absage an rechtsmonopolistischen
Etatismus besteht hier nicht ein staatsfreier Raum, sondern eine staatsunabhängige Gewalt, die ebenfalls öffentliche, aber eben nicht staatliche Macht einsetzt. Eine
solche aber ist grundsätzlich einer auch punktuellen, vor
allem aber einer flächendeckenden staatlichen Rech-
nungs- und Wirtschaftlichkeitsprüfung nicht unterworfen. Bei einem Zusammenwirken von Staat und Kirche
hat keiner der Partner „die Rechnung des anderen zu
prüfen". Dies gilt in vollem Umfang auch im Sozialbereich. Das BVerfG hat bereits früh die völlige Selbständigkeit der nichtstaatlichen Wohlfahrtspflege betont.
Diese Garantie gilt in besonderem Maße für kirchliche
Träger, die ebenso dem Staat gleich und nebengeordnet
sind, wie alle anderen kirchlichen Instanzen auch. Da
hier Karitas als Religionsauübung wirkt, muß die Eigenständigkeit der Kirchen dabei ganz ernst genommen, sie
darf nur im Namen gleich- oder übergeordneter Verfassungswerte beschränkt werden, die aber im Falle der
Rechnungsprüfung nicht ersichtlich sind. Der Staat darf
keinesfalls den Kirchen durch Zuwendungen diese ihre
Selbständigkeit „abkaufen", selbst wenn letztere dazu
bereit wären. Es würde damit nicht nur gegen die Rechte
der Kirchen, sondern auch gegen seine eigenen Grund-

prinzipien, insbesondere die religiöse Neutralität, verstoßen, die jede Beurteilung religiösen Verhaltens, auch religiös geprägter Wirtschaftlichkeitsvorstellungen, absolut ausschließt.

Staatliche Rechnungsprüfung kirchlicher Träger verstößt also allgemein gegen Grundprinzipien des Staatskirchenrechts und könnte nur punktuell durch besondere staatliche Belange gerechtfertigt werden.

(Text: S. 37-46)

6. Der speziellere Verfassungsmaßstab für staatliche Kontrollen im Bereich der kirchlichen Träger ist das Selbstbestimmungsrecht der Kirchen (Art. 137 Abs. 3 WRV, 140 GG). Nach heute herrschender Lehre wird der Inhalt dieses Schutzbereichs durch das religiös-kirchliche Selbstverständnis der kirchlichen Instanzen bestimmt. Nach diesem gehören hier alle Bereiche, für welche die staatliche Rechnungsprüfung von den kirchlichen Trägern gerügt wird, zum Schutzbereich der erwähnten Verfassungsvorschriften.

Der Schutzbereich kann kaum „nach der Natur der Sache" bestimmt werden, weil dies doch staatlichen Instanzen ein Beurteilungsrecht in religiosis zugestände. Allenfalls könnte eine „objektive" Abgrenzung in der Weise gewonnen werden, daß zum Schutzbereich der kirchlichen Träger die Räume gerechnet werden, welche herkömmlich, in einem allgemein von den Kirchen akzeptierten Umfang, dem Selbstbestimmungsrecht zugeordnet werden.

Hier wird seit langem von gewissen Katalog-Umschreibungen „kirchlicher Angelegenheiten" ausgegangen. Dazu gehören die Organisationsentscheidungen kirchlicher Träger in einem weiteren Sinn, also auch etwa die

lokale Einrichtung von Beratungsstellen. Dieser Bereich
ist hier — wie die Einrichtung einer kirchlichen Stiftungsaufsicht zeigt — weit zu fassen. Dem kann nicht
entgegengehalten werden, wenn die Kirchen derartige
Vergabebedingungen oder -kontrollen nicht akzeptieren
wollten, so sollten sie eben keine Zuwendungen beantragen: Der Staat darf Angebote ihnen gegenüber gar
nicht mit Auflagen verbinden, welche sie zum Verzicht
ihres Selbstbestimmungsrechts nötigen.

Die Personalhoheit der kirchlichen Träger gehört zu
deren Selbstbestimmungsrecht. Sie bezieht sich nicht
nur auf kirchliches Dienstrecht von Amtsträgern, parallel zu staatlichem Beamtenrecht, sondern auf alle Rechte
und Pflichten, welche von kirchlichen Trägern zur Erfüllung karitativer Aufgaben begründet werden; hier bestimmen allein die kirchlichen Instanzen die Qualifikationserfordernisse, die vom Rechnungshof nicht zu kritisieren sind, es sei denn, die Kirche mißachte staatliche
Qualifikationsregelungen zum Schutze überragender
Gemeinschaftsgüter (ärztliche Approbation).

(Text: S. 46-58)

7. Die staatliche Rechnungsprüfung ist allgemein an die
von den geprüften Verwaltungen vorgegebenen Zwecke
gebunden, die sie nur an höheren staatlichen Zwecksetzungen messen darf. Kirchliche Zielbestimmungen hat
sie grundsätzlich hinzunehmen, denn die kirchlichen
Träger allein haben die Ziele ihrer „Karitas als Religionsausübung" festzulegen. Die kirchlichen Träger brauchen
hier nicht nach staatlichen Zweckvorgaben zu handeln;
dies gilt auch für instrumentale Zielvorgaben.

Da die Ziele bei solchen Aktivitäten meist nur sehr
allgemein bestimmt sind, eröffnen sich einer Wirtschaftlichkeitsprüfung, selbst wenn sie auf optimalen Mittel-

einsatz beschränkt ist, große Einflußmöglichkeiten. Über diese dürfen aber nicht staatliche Wirtschaftlichkeitsvorstellungen den kirchlichen Trägern aufgezwungen werden, diese haben das Recht, eigene, kirchliche Wirtschaftlichkeitsvorstellungen zu entwickeln. Dieses schließt die herkömmliche Wirtschaftlichkeitskontrolle der staatlichen Rechnungsprüfung den kirchlichen Trägern gegenüber aus. Selbst ein „rein technisches Recht der Belegkontrolle" könnte, durch übermäßige Formalisierungspflichten, das kirchliche Recht zur „Ordnung der eigenen Angelegenheiten" verletzen. Dies alles gilt sowohl für Zuwendungskontrollen als, erst recht, gegenüber Versuchen, den Gesamthaushalt eines kirchlichen Trägers auf „wirtschaftliche Verwaltung" zu überprüfen.

Aus Art. 137 Abs. 3 WRV, Art. 140 GG wird heute von der ganz herrschenden Lehre das Recht der Kirchen abgeleitet, ihre vermögensrechtlichen Angelegenheiten allein zu verwalten; anderenfalls könnte es überhaupt keine kirchliche Eigenständigkeit geben. Früher vom Staat in Anspruch genommene Vermögenskontrollrechte über die Kirchen verstoßen gegen die Verfassung. Dementsprechend darf es auch keine staatliche Rechnungsprüfung geben, welche das Recht der kirchlichen Träger zur vermögensrechtlichen Disposition beeinträchtigt. Der Staat, welcher Mittel den Kirchen für deren karitative Religionsausübung anvertraut, darf dadurch nicht seine frühere Kirchenaufsicht über Vergabebedingungen und Überprüfungen „zurückkaufen". Vergabebedingungen, die über allgemeine „kirchenparallele" Zielbestimmungen hinausgehen und derartige Vorgaben kontrollieren wollen, verstoßen gegen die Verfassung.

(Text: S. 58-65)

8. Das kirchliche Selbstbestimmungsrecht findet seine Schranken an den „für alle geltenden Gesetzen" (Art. 137 Abs. 3 WRV, Art. 140 GG). Nach dem BVerfG gestattet dies staatliche Maßnahmen, welche die Kirchen nicht anders oder schwerer treffen als den „Jedermann". Bei dieser Beurteilung muß jedoch, im Sinne einer „Wechselwirkungslehre", stets im Wege der Güterabwägung festgestellt werden, welches Gewicht — gegenüber den kirchlichen Belangen — den durch die für alle geltende Regelung gesicherten öffentlichen Interessen zukommt, die ihrerseits wieder im Licht der kirchlichen Belange zu relativieren sind.

Nach diesen Grundsätzen kann eine staatliche Rechnungsprüfung nicht zulässig sein; den von ihr allenfalls zu verhindernden „Fehlleistungen" staatlicher Zuwendungen (nach staatlicher Auffassung) kann nicht ein mit einer Verletzung des kirchlichen Selbstbestimmungsrechts vergleichbares Gewicht zuerkannt werden.

Staatliche Vergabebedingungen, welche kirchliche Selbstbestimmung beschränken, und staatliche Rechnungsprüfung legitimieren sich auch weder unter dem Gesichtspunkt, daß hier verliehene staatliche Hoheitsgewalt kontrolliert werden müsse — dies liegt nicht vor — noch im Hinblick auf etwaige „Außenwirkungen" der kirchlichen Aktivitäten: Der „Rechtsverkehr" hat kein Interesse an „wirtschaftlicher Verwendung" staatlicher Zuschüsse nach staatlichen Vorstellungen.

In Rechtsprechung und Schrifttum ist von einer Beschränkbarkeit kirchlicher Selbstbestimmung die Rede, soweit deren Äußerungen „in den staatlichen Bereich hinein wirkten". Dies ist so allgemein, daß es als dogmatische Abgrenzungskategorie nicht geeignet erscheint. Im Bereich der Wohlfahrtspflege sind allerdings Kirche und Staat gleichermaßen und weithin in bestens bewährter

Kooperation tätig. Seit langem werden dabei staatliche Versuche festgestellt, den Kirchen über Förderungsbedingungen staatliche Strukturen aufzuzwingen; dies geschieht auch über staatliche Rechnungsprüfung. Demgegenüber ist festzustellen, daß der Staat nur im Namen höchster Verfassungswerte und im zu deren Schutz unabdingbar erforderlichen Umfang die Kirche beschränken darf: Bei Vergabebedingungen muß dies auf gesetzlicher Grundlage erfolgen und eine Abwägung erkennen lassen, welche den Kirchen stets nur einen allgemeinen Zweck-Rahmen vorgibt, der als Maßstab staatlicher Rechnungsprüfung ohnehin ungeeignet wäre. Diese ist auch als solche unzulässig, weil durch sie zu sichernde staatliche Vermögensbelange dem Schutzgut der kirchlichen Selbstbestimmung nicht gleichrangig sind.

Das BVerfG hat im Falle der Einbeziehung kirchlicher Träger in einheitliche Rechenzentren die kirchliche Selbstbestimmung hervorgehoben, in der Sache aber nicht entschieden. Die Krankenhausbuchführungsverordnung hat es gebilligt, weil sie die Sicherung der Krankenhausförderung bezwecke. Daraus folgt aber nicht die Zulässigkeit staatlicher Rechnungsprüfung, denn es gibt keine speziellen gesetzlichen Buchführungsregelungen für freie Träger der Wohlfahrtspflege, und die Rechnungsprüfung belastet die kirchlichen Träger vor allem im Bereich der belegunabhängigen Wirtschaftlichkeitsprüfung.

(Text: S. 65-76)

9. Im Staatskirchenrecht ist seit langem von „gemeinsamen Angelegenheiten" (früher: res mixtae) die Rede, bei denen Staat und Kirchen regelnd oder verwaltend zusammenarbeiten. Mit guten Gründen wird allerdings in Frage gestellt, daß sich daraus Abgrenzungen der beiderseitigen Verantwortungsbereiche ergeben können,

7·

wie sie jedoch das Selbstbestimmungsrecht der Kirchen im heutigen Verständnis voraussetzt. Allenfalls könnte man hier von einer „konzentrischen Betrachtung" ausgehen, welche den Staat auf die Setzung äußerer Ordnungs-Rahmen beschränkt, die dann in kirchlicher Selbstbestimmung auszufüllen wären. Eingehende lenkende Vergabebestimmungen wären damit aber ebenso unvereinbar wie ihre Überprüfung durch staatliche Rechnungskontrolle nach staatlichen Wirtschaftlichkeitsvorstellungen: Hier würde nicht „gemeinsam" — also etwa staats-kirchenvertraglich — geregelt und verwaltet, sondern einseitig durch den Staat.

Die Erhebung der Kirchensteuer wird heute als eine „gemeinsame Angelegenheit" von Kirche und Staat angesehen, welcher letztere der Kirche seine Besteuerungsgewalt zur Verfügung stellt; früher war daher hier die Auffassung einer vom Staat verliehenen Hoheit herrschend. Dennoch entspricht es ganz herrschender Lehre, daß sich daraus keinerlei Aufsichts- oder Nachprüfungsrechte des Staates hinsichtlich der Verwendung der so erhobenen Kirchensteuermittel oder sonstiger Dispositionen kirchlicher Vermögensverwaltung ableiten lassen, weil jede Verwendungskontrolle in das kirchliche Selbstverwaltungsrecht eingreifen müßte. Dies spricht auch dagegen, eine solche mit Bezug auf die Verwendung staatlicher Fördermittel oder, gar noch darüber hinaus, über kirchliche Haushalte allgemein anzuerkennen.

(Text: S. 76-83)

10. Die beiden großen christlichen Kirchen in Deutschland haben in ihrem Bereich seit langem ein eigenständiges Rechnungsprüfungswesen eingerichtet und dieses, vor allem in letzter Zeit, nach staatlichem Vorbild, aber unter Wahrung der kirchlichen Besonderheiten, fortent-

wickelt. Insbesondere ist die Unabhängigkeit der Rechnungsprüfungsstellen weitgehend gesichert. Diese haben auch die sachgerechte Verwendung von der Kirche anvertrauten Zuwendungen zu überprüfen.

Der Staat, welcher Gesetzgebung, Verwaltung und Gerichtsbarkeit der Kirchen als Ausübung öffentlicher Gewalt anerkennt, darf diese kirchliche Rechnungsprüfung und ihre Ergebnisse nicht ignorieren. Den heutigen staatskirchenrechtlichen Grundprinzipien der gegenseitigen Achtung von Kirche und Staat wird nur eine Praxis gerecht, in der die staatliche Rechnungsprüfung die Ergebnisse kirchlicher Prüfungen übernimmt. Dies verschafft ihr auch hinreichende Unterlagen zur Überwachung staatlicher Vergabestellen und sichert zugleich die ordnungsmäßige Verwendung der staatlichen Zuwendungen an die kirchlichen Träger wie das Selbstbestimmungsrecht der Kirchen. Etwaige Prüfungsprobleme sind partnerschaftlich zwischen kirchlichen und staatlichen Rechnungsprüfern, nicht im Wege einseitiger staatlicher Überprüfung zu lösen.

(Text: S. 84-89)

Gesamtergebnis

Bei der Überprüfung kirchlicher Einrichtungen durch staatliche Rechnungskontrolle müssen jedenfalls die Grundsätze geachtet werden, welche für die staatliche Rechnungsprüfung nichtstaatlicher Instanzen allgemein gelten. Insbesondere dürfen durch das Prüfungsverfahren und die Inhalte der Rechnungshof-Feststellungen Grundrechte der kirchlichen Träger, vor allem auf rechtliches Gehör und Wahrung von deren „Persönlichkeitssphäre", nicht verletzt werden.

Eine staatliche Rechnungsprüfung der Haushalte kirchlicher Träger, insbesondere der Freien Wohlfahrtspflege, ist jedoch, darüber hinaus, nach Staatskirchenrecht überhaupt unzulässig, sie verstößt gegen das kirchliche Selbstbestimmungsrecht (Art. 137 Abs. 3 WRV, Art. 140 GG). Den Kirchen dürfen insbesondere staatliche Wirtschaftlichkeitsvorstellungen nicht aufgezwungen, in ihre Personalbeurteilung und Organisationsentscheidungen darf auf diesem Wege nicht eingegriffen werden. Dies gilt sowohl für die Verwendungsprüfung staatlicher Zuwendungen, als, erst recht, gegenüber dem Ansinnen, kirchliche Haushalte insgesamt auf Wirtschaftlichkeit der kirchlichen Verwaltung kontrollieren zu wollen.

Staatliche Vergabebedingungen müssen die kirchliche Selbständigkeit achten, dürfen also nur sehr allgemein und in der Form des Gesetzes Rahmenvorgaben für die Verwendung von Zuwendungen setzen, die von den kirchlichen Trägern in Selbstbestimmung auszufüllen sind.

Die Rechnungskontrolle über die kirchlichen Träger obliegt den kirchlichen Rechnungsprüfungsstellen. Die staatli-

che Rechnungsprüfung hat von deren Feststellungen auszugehen, Zweifelsfälle in partnerschaftlichem Zusammenwirken mit den kirchlichen Rechnungsprüfungsstellen zu lösen.